中小学教师
科研课题
通关手册

张祥兰　著

清华大学出版社
北京

图书在版编目（ＣＩＰ）数据

中小学教师科研课题通关手册 / 张祥兰著. -- 北京：清华大学出版社，2025. 8.
ISBN 978-7-302-70166-8

Ⅰ. G632.0

中国国家版本馆 CIP 数据核字第 20257NB235 号

责任编辑：刘　晶
装帧设计：张　姿
责任校对：王荣静
责任印制：刘海龙

出版发行：清华大学出版社
网　　　址：https://www.tup.com.cn，https://www.wqxuetang.com
地　　　址：北京清华大学学研大厦 A 座　　邮　　编：100084
社 总 机：010-83470000　　邮　　购：010-62786544
投稿与读者服务：010-62776969，c-service@tup.tsinghua.edu.cn
质 量 反 馈：010-62772015，zhiliang@tup.tsinghua.edu.cn
印 装 者：北京同文印刷有限责任公司
经　　销：全国新华书店
开　　本：170mm×240mm　　印　张：12　　字　数：211 千字
版　　次：2025 年 8 月第 1 版　　印　次：2025 年 8 月第 1 次印刷
定　　价：49.80 元

产品编号：077274-01

特别感谢北京教育学院这片基础教育"上能顶天，下能入地"的研究沃土，正是因为北京教育学院的培养和托举，让我有平台、有机会在中小学一线开展"科研工作坊"，与一线教师进行专业对话，开展伙伴式研修，长年累月在一起摸爬滚打，一起"捆绑式"成长。

永远铭记学院"师魂"！它铸就了我"从实践中来，到实践中去"的研究品格！谨以此书表达感恩之情！

架起教学和科研之间的桥梁

2019 年 10 月，教育部印发了《关于加强新时代教育科学研究工作的意见》，要求充分发挥学校在教育科研中的实践主体作用，鼓励支持中小学教师增强科研意识，积极参与教育教学研究活动。中小学教育教学研究要解决实践问题，凸显学校科研的实效性特征。在日常教育教学实践领域，中小学教师不仅可以积累丰富的一手经验，还能够敏锐地觉察出教学中的问题。在此背景下，"选题—立项—实施—结题"的课题研究历程，不仅可以使教学中的问题得以有效解决，还可以促进实践经验向教育教学理论的转化。在教育教学中开展教育科学研究的诸多益处无须赘述，开展课题研究已成为当前中小学教师参与教育科研、提高专业学术水平的重要方式。

校本科研是新时代促进教师成长、提升专业价值的内在需要。激发教师从事科研的热情，努力让教师成为教育实践智慧的创造者，教师的职业生涯会充满活力。当前，中小学教师对于科研课题研究依然存在着畏惧情绪和难以突破的科研困境，"重教研轻科研"现象普遍存在。比如，对课题申报存在畏难情绪，对课题研究的定位和价值认识不清晰，课题立项率不高，课题申报经常石沉大海。此外，一些课题立项后就被抛之脑后，直到要结题时才匆忙组织设计研究过程，甚至以程序化的工作会议代替研究过程，形成"两头热、中间冷"的现象，难以收到理想的效果。

本书立足中小学教师科研实践，旨在帮助教师实现突破，在教学和科研之间架起指导实践的"桥梁"。本书的设计与撰写尤其突出中小学教育科研的实践性和真实性。书中所有的课题选题、案例选择、研究素材选取均是笔者与诸多中小学教师课题负责人"一起研磨"过的，力求客观呈现课题研究的真实过程。

"实践性"是中小学教育科研最本质的属性，选题源于实践、存在于实践且开展于实践，研究成果将指导实践、改进实践。实践是中小学教育科研的源头活水，是校本科研生生不息的核心动力。

　　"真实性"主要是指选题真实、研究过程真实、研究结果真实。课题研究是一个以实践经验为基础的连续过程，从教师经验出发，经过长期的、多种途径的经验积累，运用隐喻、概念、模型等方式进行反思、观察、概括、升华。因此也可以说，中小学教师的科研选题不一定是当下最热点的问题，也不一定是最前沿的教育理论，但一定是实践中的确存在又值得研究的问题，否则将影响成果的有效性。研究过程真实的意义主要体现为：教师开展研究是对经验的积累、判断、发展和重构，是转换经验并创造知识的过程，需要不断反思总结，记录教育现象和感受，从而得到真实的、有价值的成果，实现专业发展。

　　由是，本书的出版并非意在构建一种方法论或者科研理论，而在于以中小学教师科研实践为基础，从最为常见的困境出发，结合评审专家给予的反馈，重新审视科研工作中的若干基本问题，探究中小学教师科研实战之本然，总结梳理突破科研困境的途径与策略。

　　本书中既有作者个人经验的总结，也有课题评审专家的点评摘述，亦有科研实践的理论考证。笔者期待中小学一线教师不再忌惮课题，让"高大上"的课题申报不再神秘、不再遥远。力争做到"原来如此"的方法与技巧的分享。由于本书的主要内容源于作者多年的科研指导讲座，因此在写作的过程中尽量保持讲座时的通俗易懂，也尽量使用接地气的语言。

　　本书提供的方法和策略，多是见招拆招，力求"有用""可用""实用"，旨在切实帮助大家解决当前的问题。在这个基础之上，展示这些方法和策略的实践魅力。

目录
CONTENTS

第三章　撰写严谨规范的申报书 055

第四章　打磨文献综述的"研值" 093

第一章

课题从哪来？

全面了解基础教育领域课题申报渠道和申请资质，洞悉各级课题指南和申报条件，把握课题发布时间，提前做好充足的申报准备。
——多积累、广关注、细分类、早准备

第一节　课题的发布与管理

很多中小学教师都有申报课题的想法，却不知道从哪里申请，更不知道课题申请的方式及相关材料的填写要求，往往就错过了课题立项的机会。本部分内容全面梳理各级别课题的申报渠道，以及相应的课题指南和申报条件要求，协助教师在课题申报中精准对标，快速确定适合自己的课题类型。

一、了解申报渠道，大胆尝试

课题的发布与管理通常由教育行政部门（教育科学规划部门）或教育学会等机构实施，分别设立不同层级的课题项目，并配以相应的经费支持，提供相应的管理服务，促进不同层面教育科学研究的繁荣发展。

以北京市为例，从级别上划分，有国家级课题、市级课题、区级课题；从发布主体上划分，有社会科学基金课题、教育科学规划课题、教育学会课题。教师们要积极关注不同申报渠道的课题通知，根据个人的基础条件选择合适的申报类型。结合图 1-1，我们来看一下"十三五"期间北京市主要课题来源和申报时间。

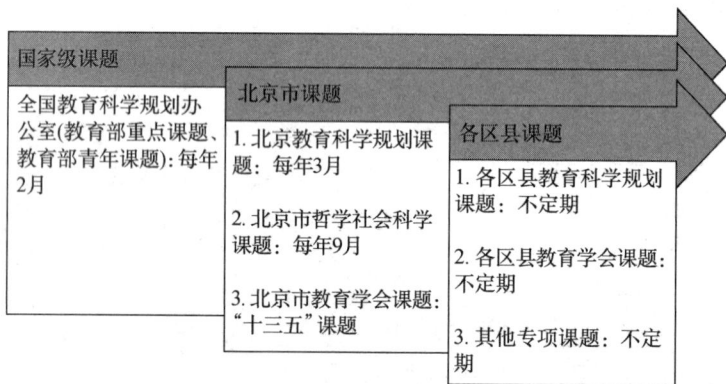

国家级课题
全国教育科学规划办公室(教育部重点课题、教育部青年课题)：每年2月

北京市课题
1. 北京教育科学规划课题：每年3月
2. 北京市哲学社会科学课题：每年9月
3. 北京市教育学会课题："十三五"课题

各区县课题
1. 各区县教育科学规划课题：不定期
2. 各区县教育学会课题：不定期
3. 其他专项课题：不定期

图 1-1　"十三五"期间北京市主要课题来源和申报时间

（一）敢于尝试国家级课题

全国教育科学规划办公室是我国教育领域专项课题发布的最高机构，其负责的课题属于国家级课题。根据教育部规定，全国教育科学规划领导小组办公室作为全国教育科学规划领导小组的办事机构，负责全国教育科学规划课题日常管理工作。该类课题的申报者是全国教育科学研究的从业人员，包括专家学者、中小

学教师等。对于中小学教师来说,申报该类课题的难度较大,但是每年的立项课题中都会有中小学教师申报成功。而且从 2018 年开始,全国教育科学规划办公室专门为中小学教师设置了专项课题的申请名额,使之不再与高校的专家学者同台竞争,申请立项的机会大大增加。因此,中小学教师要敢于尝试国家级课题的申报,尤其是单位资助课题和中小学专项课题的申报。

例如,2024 年全国教育科学规划课题的立项,仅国家一般课题类别中就有 11 项课题来自中小学校,简要梳理名单如表 1-1。

表 1-1 2024 年全国教育科学规划课题中小学立项课题示列

序号	立 项 课 题	单 位
1	普通高中中华优秀传统文化教育的深度融合策略与实践路径研究	上海市中国中学
2	基于真实问题培养小学生创新意识的主题化教学行动研究	北京师范大学朝阳附属学校
3	脑科学视域下儿童自主学习内在机制和支持策略研究	苏州市平江实验学校
4	全联动 高质量:区域融合教育专业支持系统的创新构建研究	常州市中吴实验学校
5	新时代普通高中五育融合育心体系的理论与实践研究	江苏省扬州中学
6	康教结合在学龄前孤独症儿童干预中的应用研究	宿迁市宿城区机关幼儿园
7	大学中学融通视域下拔尖创新人才早期培养评价标准体系构建的实证研究	四川省成都市新都一中
8	中国式现代化背景下科学素养评价体系及监测机制研究	华东师范大学附属东昌中学
9	数字教育背景下小学生创造性学习的发生机制与培育模式研究	南京市北京东路小学
10	字里·字间·字外:核心素养导向下的字理识字价值意蕴阐发和教学实践研究	萍乡市湘东区实验小学
11	基于多模态智能的初中生综合素质评价模式研究	杭州市建兰中学(公办)

分析上述立项课题可知,不同学段、不同研究主题都有相应的课题立项成功,内容涉及教学、课程、学校管理、学生评价及特殊教育等各个主题。从立项数量上看,上海、江苏等地的立项课题数量较多,反映出相对较高的研究水平。以上数据给同类中小学教师进行国家课题申报树立了榜样,也增强了学校课题申报的信心。

(二)积极申报省市级课题

从立项概率上看,中小学在国家课题中的立项率仍然偏低,显著低于高校、科研院所的立项比例。因此,除了敢于尝试国家课题的申报外,还需要加大科研课题的培育过程，提高课题立项的能力储备。而在省市级课题立项单位中，中小学立项比例相对较高，学校及任课教师的立项机会也比较多，所以各中小学校应积极把握住市级课题申报的机会。根据全国教育科学规划办公室的规定，各省级教育科学规划领导小组办公室受全国教育科学规划办委托，协助做好本系统、本地区、本单位全国教育科学规划课题申请和管理工作。各省级教育科学规划领导小组办公室，同时也是省级教育规划课题的组织与管理单位，负责本地区、本级规划课题的相关工作。

以北京市为例，北京市教育科学规划领导小组是由北京市教育委员会组建，领导北京市教育科学规划工作，审议研究规划、课题指南和管理办法，审批立项课题，组织重大学术交流活动和优秀科研成果的奖励、宣传和推广工作，促进教育科研事业的健康发展。所以，中小学教师有必要抓住市级课题的申报机会，及时关注申报渠道的相关通知和要求，积极准备和培育，提高课题立项的概率。

（三）立足地市级教育规划课题

对于很多中小学校或教师而言，课题研究通常是由地市级或区县级课题开始，在不断积累的过程中提升课题研究质量和层次，遵循从区县级到省市级再到国家级的发展路径，逐步提高研究级别。因为从课题申请立项标准看，申请国家课题或者省级课题，通常需要有相应的课题研究经历，以此证明申报人有足够的基础和水平完成更高级别课题的研究任务。与教育行政部门的机构设置一样，在国家、省市层面教育科学规划办公室的指导下，各地级市也设置了相应的教育科学规划办公室。以北京市西城区为例，西城区教育科学规划领导小组由西城区教育委员会组建，领导全区教育科学规划工作，业务上接受北京市教育科学规划领导小组的指导。西城区教育科学规划办是西城区教育科学规划领导小组的职能部门，负责组织规划课题的申报、评审、立项、开题论证、中期诊断、成果鉴定和推广工作，同时负责课题的评选、表彰的组织工作。区县级课题对中小学教师而言，通常立项的概率比较高，获得的科研资源也会更多。同时还会有相应的教育规划部门更为具体、细致的指导管理，有助于教师快速掌握课题申报方法和研究技能，并将科研成果进行推广。

（四）人人参与的校本课题

校本课题研究也叫"草根课题""小课题研究""校级课题"等，是由学校组织、实施、评审和指导的课题研究活动，由于校级课题立项数量较多，人人都有参与课题研究的机会,所以认真做好校本课题,可以给未来参加区县级、省级或国家级课题打下坚实基础。《关于加强新时代教育科学研究工作的意见》明确提出,"充分发挥地方和学校在教育科研中的实践主体作用,鼓励结合实际开展教育改革实验,支持中小学教师增强科研意识,积极参与教育教学研究活动,不断深化对教育教学改革的规律性认识"。校本课题研究是落实学校科研实践主体的重要载体,是以教师在教育教学中遇到的实际问题为研究起点,对于培养教师的课题研究意识和研究能力具有重要的作用。

校本课题是进行课题培育的基础性工作,鼓励中小学教师人人参与校本课题研究,组成研究团队,共同探讨教育教学实践中的关键问题,不断积累研究素材和相应成果,为申请更高层次的课题奠定基础。

二、对标申报条件,提前准备

分析了课题申报的几种渠道,接下来需要了解不同级别课题的基本申报条件。通常情况下,级别越高的课题,其申请的门槛也越高,所以要明确各类课题的申报条件,提前做好准备。

申报课题条件的设定原则是量力而行,鼓励教育科研人员申报自己能力范围内的研究项目,因为不同级别课题的研究定位和目标是有差异的。比如国家级课题更多侧重于宏观政策层面、基本理论层面,所以其对申请人的理论储备、研究视野和个人基础有较高的要求。区县课题则更多鼓励进行实践研究、行动研究,聚焦一线教育教学的应用性问题,所以更鼓励基层人员进行申报。通常来讲,对课题申报人的要求主要包括政治素养、职称、学历、年龄及研究基础等硬性条件,这就需要老师们对标各级各类课题的申报条件,逐项分析,确保已经达到最基本的条件。对于年轻教师而言,往往会面临个别要求不达标的问题,此时就要鼓励年轻教师积极参与课题,以课题组成员的方式参加研究,不断积累经验、丰富研究基础,增加未来个人申报课题的对标比例。

本部分内容针对不同课题的申报条件,进行了系统的分类梳理,总结出以下几条通常需要关注的对标条件。

(一)政治思想、意识形态

政治思想、意识形态是各级各类课题申请中的最基础性条件,也是整个课题申请工作开展的最核心的指导思想。"十三五"期间各级教育规划课题的组织申报工作,是为深入学习贯彻习近平新时代中国特色社会主义思想,深入贯彻党的十九大和十九届二中、三中、四中全会精神，全面贯彻习近平总书记关于教育的重要论述和全国教育大会精神等。各级课题针对具体申报条件通常会规定：遵守《中华人民共和国宪法》、《著作权法》和《专利法》等相关法律法规。在课题申报书中还会对申请人的思想道德提出要求，比如北京市教育科学规划课题申请书中规定：申请人要遵循学术研究的基本规范，尊重他人的知识贡献，恪守学术道德、维护学术尊严，以及增强公共服务意识、维护社会公共利益等。上述思想意识的基本要求，是申请人需要牢牢把握的基本条件，在课题申请以及后续的课题研究过程中贯穿始终。

（二）年龄

从不同级别课题的申报类型看，通常会设置重大招标课题、重点课题、青年课题、专项课题等类型，其中大多数类型课题并不设定申请人年龄的要求，只有青年课题这一类别，往往会设置相应的年龄限制。比如全国教育科学规划课题中青年课题的申请人条件中规定：青年课题的申请人年龄不超过35周岁（以申报截止日期为准）；而北京市教育科学规划课题对青年课题的条件规定是：申请青年专项课题者（包括课题组成员）年龄不得超过40周岁。此外各区县课题中也对青年课题有规定，比如北京市西城区教育科学规划课题规定：青年专项课题组所有成员年龄须在40周岁（含）以下（以申报截止日期为准）。所以，就需要根据个人情况具体选择，超过年龄的教师是肯定不能申请的；未超过年龄的教师，既可以申请不限年龄的课题，也可以申请青年课题。从笔者的评审经历来看，鼓励教师申请最有利于自身条件的课题，即鼓励符合年龄条件的教师优先申请青年课题。由此也可看出，青年课题是为了照顾年轻教师，减少年轻教师在竞争中的不利因素，以提高其课题立项的概率。

（三）职称、学历

分析不同级别的课题申请条件可知，职称条件是各级、各类课题申请的主要的硬性要求，是体现课题申请人研究能力的重要指标，因此很多课题都对职称提出了明确规定。在将职称作为基本条件的同时，在各级规划课题的职称条件的阐述中，通常还会提到学历的替代条件，比如没有副高职称的可以以博士学历身份来申请。如全国教育科学规划课题的申请人条件中规定：申请国家重大、国家重点和国家一般课题需具有副高级以上专业技术职称（职务），或者具有博士学位。国家青年、教育部重点和青年专项课题也规定了副高级以上专业技术职称（职务）或者具有博士学位的条件。但该类课题同时增加了一个备选方案，即不具有副高级以上专业技术职称（职务）或者博士学位的，必须有两名具有正高级专业技术职称（职务）的专家进行书面推荐。

就北京市教育科学规划课题而言，并没有区分设置不同类型课题的职称条件，而是进行了统一规定：北京市教育科学规划课题申请人须具有副高级以上专业技术职务或博士学位；不具备副高级以上专业技术职务或博士学位的，须由两名具有副高级以上专业技术职务的同行专家推荐，申请重大课题者应具有正高级专业技术职务，有深厚的学术研究功底与学术造诣等。区县级课题的申请条件则适当降低了要求，比如北京市西城区教育科学规划课题申报条件规定：重大课题和重点课题申报人须具备高级（含）专业技术职称，或具有博士学历和学位，或校级正职（含）以上行政职务；一般课题申报人须具备中级（含）以上专业技术职称、具有硕士学历和学位或学校主任（含）以上行政职务；校长专项课题申请人必须为中小学、幼儿园（含中等职业学校）的现任校（园）级领导等。

由上可知，职称、学历是教师在申请课题时需要重点对标的硬性条件，从北京市和国家级课题的申报条件来看，通常需要具备副高级或者博士学历才可以申请，而区级课题可能只需要中级职称或者硕士学历即可。当然，在不具备上述条件的情况下，也给了老师们一个特殊的条件达标机会，即获得两位相应职称人员的书面推荐，在实际的课题评审和立项课题中，也有以这种条件申报成功的案例。

（四）资源分布

资源分布条件主要是指课题申请人的研究基础、资源基础和课题申请经历等。在申请课题数量方面，各级各类课题有一个共识的条件要求，即已经有相应课题但未结题的不允许申报，或者已经申请了同类型课题尚未结题的也不允许申报。以全国教育科学规划办的课题申请为例，其规定：申请人同时只能申报一个课题，申请国家自然科学基金项目、国家社会科学基金项目、教育部人文社会科学研究项目及其他国家级科研项目的负责人同年度不能申请全国教育科学规划课题；在研的国家级项目负责人不能申请新的全国教育科学规划课题。在每年课题申报立项之前，全国教育科学规划办会通报一批已经申请了其他项目后又来申请全规办课题的申请人，并取消其该次申请的资格。北京市教育科学规划课题还规定：已获得全国教育科学规划、北京市哲学社会科学规划立项的课题负责人不得以相同内容课题申请北京市教育科学规划课题。由此可见，不仅是申报数量上不能多于一项，在申报内容上更不能以相同内容重复申报。此外，在申请人的课题基础方面，有些课题类别还会要求申请人有主持课题的经历，这通常是级别较高课题的规定，比如国家级课题中重大课题和重点课题的申请人必须有承担并完成过省部级以上课题的经历。

总之，课题申请的首要工作是对标申请条件，逐项进行分析，确保达到基本的硬性标准，同时尽可能地保障申请人符合更多的软性条件。

三、重视研究规范，谨慎承诺

成功立项之后，在课题研究过程中，还要遵守相应的课题管理规范。很多课题在研究期限、经费使用、研究规范及结题鉴定等方面都有明确的规定，中小学教师在课题研究过程中，要按部就班地完成开题、中期及结题等管理工作要求，确保课题研究的规范性和研究质量。

（一）确保时限从容

中小学教师平时工作比较繁忙，难以像高校、科研院所人员一样拿出大量的时间专门进行课题研究。这就要求教师在课题申报过程中认真规划研究时间节点，谨慎承诺结题时间，确保时限从容。

那么，如何来设计研究的时限？通常，这也需要根据研究课题的类型和个人的研究基础来定。不同类型的课题项目通常会设定相应的研究时限，明确申请人最长不能超过这个期限。比如北京市教育科学规划课题设置了教育决策咨询研究、教育基础理论研究、教育教学实践研究等三个研究方向，其中教育决策咨询研究类课题要求在 1~2 年内完成；教育基础理论研究类课题、教育教学实践研究类课题要求在 3~4 年内完成。不按规定按时完成北京市教育科学规划课题中期检查工作的，将缓拨后续经费；当然，也会采取相应的撤项措施。如果有学校申请了全国教育科学规划课题，其研究期限就相对偏长一点，依据《全国教育科学规划课题管理办法》，全国教育科学规划课题的最长研究期限为 5 年，自课题资助期满 30 日内，课题负责人应当提交最终研究成果和课题结题申请，全国教育科学规划办公室会对逾期未结项的全国教育科学规划课题进行撤项。

由上可知，一方面，这要求教师合理评估研究能力和研究基础，预留更加充分的研究时间，在总的研究期限内尽可能争取更多的研究时间。也就是不要承诺太短的研究时限，避免研究过程中遇到不可控的因素导致无法按时结题。另一方面，要重视结题时间的规划，即如果在规定时间内不能完成，要及时申请课题延期，不同级别课题都有相应的延期申请方式。比如北京市教育科学规划课题的延期申请方式，详见表 1-2。

表 1-2　北京市教育科学规划课题重要事项变更申请审批表

课题名称			
批准号		课题类别	
负责人姓名		研究领域	
原完成时间		原成果形成	
工作单位			
单位电话		手机	

变更内容:
　□变更课题负责人　　　□变更课题管理单位　　　□改变成果形成
　□改变课题名称　　　　□研究内容有重大调整　　□申请撤项
　□延期一年　　　　　　□其他

变更事由:**延期**须写明课题以往延期情况、课题进展情况、已发表的阶段性成果;**变更课题负责人**须写明新课题负责人的研究方向,职称、工作单位、联系电话、相关领域近5年公开发表的科研成果等情况;**变更课题管理单位**须由调出、调入单位签署意见并写明调入单位的户名、账号、开户银行;**变更课题组重要成员**须写明其研究方向、职称、工作单位、联系电话。(可另加页)

　　总之,课题申请人要尽可能做到时限从容。根据笔者的课题评审经验,实践中课题研究时间拖延的问题比较突出,导致课题结题率不高。所以在课题申报的时候,最好不要过于乐观,一定要谨慎承诺研究时限,避免后续的被动局面。

　　课题立项之后,通常要在规定时间内完成开题工作,还要提交开题申请资料等。比如全国教育科学规划办的各级课题,要求课题负责人接到立项批准通知后,应尽快确定具体的课题实施方案,在三个月内组织开题,并及时将实施方案和开题情况报送全国教育科学规划办和相关科研管理部门。北京市教育科学规划课题要求课题负责人接到立项通知书后,应尽快确定具体的课题实施方案,在两个月内组织开题,并及时将开题报告及专家建议表原件扫描后上传至北京市教育科学规划课题管理系统。

(二)谨慎承诺成果

　　关于课题立项后的研究规范,有很多需要注意的细节,具体要以申请部门的管理办法为准。结合多年课题立项、结题评审经验,笔者发现很多申报人在课题立项时承诺满满,最终的结题材料却是零零散散,研究成果质量不高、数量不足,严重影响了结题通过率。

　　在课题结题评审时,往往要参考课题申报时的成果承诺,将二者进行比对审核,以此来判断是否完成了课题申报时的承诺目标。从合同协议角度看,研究申报书默认是委托者和申请人的研究协议，申请人应该严格按照承诺内容进行研究，否则就是没有完成协议内容。比如全国教育科学规划课题管理办法规定，课题负责人必须按照课题申请书的承诺组织开展研究工作，做好课题实施情况的原始记录。因此，建议中小学教师在课题申请的成果承诺部分，一定要高度重视、认真对待、谨慎承诺，也就是要量力而行。一方面要达到课题结题的基本标准，以符合基本标准为承诺的原则；另一方面要根据个人研究能力和研究基础、团队实力而定，不要设定过高的研究预期，实事求是地承诺研究目标和成果数量。

这部分内容梳理了与中小学课题相关的结题要求，供教师参考使用。其中，根据全国教育科学规划课题最终成果的基本要求：教育部重点课题应在北京大学图书馆中文核心期刊上发表论文3篇以上，或出版学术专著1部；教育部青年专项课题应在北京大学图书馆中文核心期刊上发表论文2篇以上，或出版学术专著1部；教育部规划课题应在公开刊物上发表论文1篇以上，或出版学术著作1部。北京市教育科学规划课题的结题鉴定工作坚持"共同但有区别"的原则，对不同类别和研究方向的课题实施不同的结题成果要求和鉴定标准，中小学申请的课题主要是重点课题、校本研究课题、青年课题和一般课题，分别呈现相应的结题鉴定要求：重点课题应在北京大学图书馆核心期刊上发表1篇论文，青年专项课题应公开发表2篇论文，校本研究专项课题应公开发表2篇论文，学校一般课题应公开发表1篇论文。在课题结题时，通常会要求课题组填报研究成果统计表，详细标注成果作者、成果形式、成果名称、出版单位、发表刊物、刊物级别、出版时间等。具体可见表1-3。

表1-3　课题组成果统计一览表

序号	作者	成果形式	成果名称	出版单位/发表刊物	刊物级别（CSSCI/核心）	出版时间/刊物期号

此外，在结题鉴定的组织形式方面，北京市教育科学规划课题最终成果的鉴定采取会议单独鉴定、会议集中鉴定、通讯鉴定或免于鉴定的方式完成。北京市教育科学规划课题最终成果鉴定实行等级评价制度，分为优秀、良好、合格、不合格四个等级。

（三）结题成果关注要点

第一，课题成果与研究主题的相关性。课题研究除了基本的成果数量规定之外，还需要注意到成果内容与研究主题的相关性。因为结题时着重考察的是课题本身的研究成果,而不是其他领域的成果,更不是其他课题的研究成果,所以在课题鉴定时通常只考虑与课题相关的成果,其他不相关成果不计算。比如全国教育科学规划课题的结题细则里面规定:与研究主题无关的成果不得列入课题研究成果。所以,要确保提交的结题成果与研究主题密切相关、直接相关,不要把无关成果放入结题报告中。结题成果与研究主题不相关也是在课题评审中经常遇到的问题。

第二,课题成果标注的规范性。很多中小学教师在课题成果发表时,往往会忽视成果标注的基本要求,有些是忘记了标注课题的题目,有些是标注得不够规范,从而影响到课题结题。以全国教育科学规划课题为例,专著或论文发表须注明全国教育科学规划"课题类别 + 课题名称 + 课题批准号";没有注明或注明多家资助机构的成果不得列入课题研究成果。这就要求课题主持人在技术层面做好这项工作,避免引起不必要的麻烦。此外,还需要注意课题主持人尽可能发表至少 1 篇相关成果,因为在有些课题的结题成果要求中,明确规定课题负责人至少为一篇代表作(著作、论文)的第一作者或独立作者,该问题也需要引起相应的注意,不能只用课题组成员的成果进行结题,否则会让评审专家认为主持人没有承担实质性研究工作,只是挂名而已。

第三,关注课题可能撤项的风险点。课题撤项的原因比较多,这主要表明了课题研究的基本规则不能违反。比如全国教育科学规划办规定,课题负责人无力继续开展研究工作的;最终研究成果质量低劣,二次鉴定仍未通过的;课题负责人在其他学术研究活动中有剽窃他人科研成果或者弄虚作假等学术不端行为的;临近资助期满未取得实质性研究进展的……这些是比较重要的课题研究风险点,需要引起高度重视。此外,还有几处也需要格外注意:以课题名义进行牟利行为的,盗用公章或私刻课题公章,违规设立实验区、实验校的,存在其他严重问题的。如果出现类似的情况,其影响还是比较重的,不仅会撤销课题,还可能面临五年内不许申报课题,以及相应的法律问题。

第二节 中小学课题基本类型

一、不同级别课题的类型

(一)全国教育科学规划课题的类型

从课题级别上看,国家级课题是最高的课题级别,尽管中小学校立项的数量相对较少，但也是值得努力争取的目标。而且从已有成果来看，也有不少学校已经立项。笔者整理了国家层面的课题，可供大家参考：全国教育科学规划设立国家重大课题（国家社会科学基金教育学重大课题）、国家重点课题（国家社会科学基金教育学重点课题）、国家一般课题（国家社会科学基金教育学一般课题）、国家青年课题（国家社会科学基金教育学青年课题）、后期资助课题（国家社会科学基金教育学后期资助课题）、西部课题（国家社会科学基金教育学西部课题）、委托课题（国家社会科学基金教育学委托课题），以上课题简称为国家级课题；设立教育部重点课题、青年专项课题、规划课题，以上课题简称为教育部级课题；以及国防军事教育学科和其他部委课题。全国教育科学规划课题类型根据经济社会发展变化和教育科学发展需要进行适时调整和不断完善，不同类型课题的资助领域和范围各有侧重。

　　笔者简要整理了 2024 年教育部重点课题的立项名单，选取了 7 所中小学立项项目，从表 1-4 中可以看出中小学校在国家级课题项目的立项情况，以及涉及的研究主题，这可以给中小学教师的课题申报提供参考。

表 1-4　2024 年教育部重点课题中部分中小学立项列举

课题编号	课题级别	课题名称	负责人	工作单位
DHA240391	教育部重点	对话教育促进儿童社会与情感能力发展的模型构建与实施路径研究	张燕	南京市银城小学
DGA240392	教育部重点	拔尖创新人才一体化培养研究	戚昌厚	中国人民大学附属中学分校
DQA240393	教育部重点	幼儿园自主游戏中儿童创新素养培养机制的实践研究	刘树丽	胶州市第四实验幼儿园
DHA240394	教育部重点	共育新单元：未来社区视域下校家社协同育人新样态研究	吴树超	杭州采荷第二小学教育集团
DQA240395	教育部重点	协同治理视角下幼儿园家庭教育指导服务模式构建研究	吴冬梅	华南师范大学附属幼儿园
DQA240396	教育部重点	立德树人视域下提升孤独症儿童社会与情感能力的实践研究	吴筱雅	上海市宝山区培智学校
DHA240397	教育部重点	培智学校场景学习的进阶设计与实施策略研究	秦文英	南昌市培智学校

（二）北京市教育科学规划课题的类型

　　市级规划课题是中小学申请课题的主要渠道，此类课题立项概率相对较高、课题研究成果要求更加符合中小学实际,所以是关注度比较高的项目。与全国各地区教育科学规划课题类型相比,北京市教育科学规划课题的类别比较丰富,"十三五"期间的课题类型主要有六种:重大课题、优先关注课题、重点课题、校本研究专项课题、青年专项课题、一般课题。"十四五"期间,北京市教育科学规划课题的类别逐步多元化,在前述六种基本类型基础上,专门增加了"延续课题""双减"专项课题、落实教育强国部署专项课题、职教体系改革专项等类型。其中,重大课题实行招标制度,其研究内容应具有创新性,取得的研究成果应具有较高理论价值或实践价值。优先关注课题应以课题指南为准,申请者不得更改研究题目,可以根据自己的专长和基础,选取独特的切入点进行研究设计。校本研究专项课题用于资助中小学、幼儿园和中等职业学校的现任校(园)级领导主持的课题,该类课题是以学校(幼儿园)为基本单位,为解决与其教育教学实践紧密相关的现实问题,由教师群体参与的具有较高组织程度的课题。重点课题、校本研究专项课题、青年专项课题、一般课题的申报者可根据自己的研究兴趣和研究基础,从十个研究领域自行设计课题名称和研究内容进行申报。笔者简要整理了2024年北京市教育科学规划课题立项项目,供相应课题项目申报者参考(见表1-5)。

表1-5 2024年北京市教育科学规划课题立项项目列举

序号	课 题 名 称	负责人	工 作 单 位	课 题 类 型
1	北京市拔尖创新人才发现与培养体系研究	冯洪荣/刘云杉	北京教育科学研究院/北京大学教育学院	重大课题
2	新时代首都高等教育对外开放战略研究	韩亚菲	北京教育科学研究院	优先关注课题
3	首都生育友好型托育体系的构建研究	王雯	北京工商大学经济学院	优先关注课题
4	北京市小学学龄人口下降对小学教育发展的影响研究	曹浩文	北京教育科学研究院	重点课题
5	教育强国建设背景下首都构建拔尖创新人才"高中-高校"贯通培养体系研究	吴菡	北京教育科学研究院	重点课题
6	数字化背景下首都高校学生发展监测与质量评价研究	王铭	北京教育科学研究院	延续课题
7	基于科学思维学习进阶的形成性评价设计与实施研究	姚建欣	北京师范大学物理学系	延续课题
8	京津冀职业教育办学联合体建设模式	侯兴蜀	北京教育科学研究院	职教体系改革专项课题
9	职业院校教学质量管理监测与评价	王春燕	北京教育科学研究院	职教体系改革专项课题
10	"丝路春晖"红色文化育人实践路径研究	徐明	北京市对外贸易学校	校本研究专项课题

续表

序号	课 题 名 称	负责人	工 作 单 位	课题类型
11	自主游戏背景下教师支持幼儿有意义学习的实践研究	李军彩	东城区实验幼儿园	校本研究专项课题
12	人工智能课程促进创新人才培养的研究与实践	蔡雷	北京宏志中学	单位资助校本研究专项课题
13	依托伴随式数据采集提升课堂教学质量的实践研究	王祺	北京市第五十中学	单位资助校本研究专项课题
14	教育强国背景下北京市科学教师专业素养测评与提升策略研究	师欢欢	北京教育科学研究院	青年专项课题
15	中国优秀传统文化赋能北京市中小学生命教育的路径研究	刘嵩瑞	北京教育学院	青年专项课题
16	数字化赋能中小学课堂教学行为分析与改进的实践研究	高勇	北京教育科学研究院	一般课题
17	基于"个体－生态"模型的中小学校园欺凌影响因素及其作用机制研究	周镭	北京教育科学研究院	一般课题

（三）其他课题类型

其他课题类型，主要包括北京市教育学会、各区级教育规划课题。北京市教育学会以及各区级教育科学规划部门也会设立相应的课题申报类型。北京市教育学会的课题类型，包括重点关注课题和一般关注课题。重点关注课题主要侧重国家和北京市重大教育改革方向、教育实践的重点难点领域；一般课题由各区县学会和研究分会根据本研究会研究领域，推荐一般性研究领域；各区县学会和研究分会可以在此基础上适当扩大研究范围。

各区级教育科学规划课题的类型基本与北京市教育科学规划课题类型一致，比如西城区"十三五"教育科学规划课题设重大课题、重点课题、一般课题，为鼓励校长和青年教师参与课题研究特设"校长专项"和"教师发展专项"。其中，重大课题是指关系区域教育重大发展、改革、突破性问题，预计研究成果将对西城教育发展产生重要影响的课题，重点课题是指关系区域教育的常态化重要问题，一般课题是指涉及区域教育发展中的一般性问题，为经费资助课题。

二、课题申报的基本流程

各级各类课题的申报流程，在相应课题管理机构发布的课题申报通知中都有详细的规定,内容程序上具有很大的相似性,本部分内容以北京市教育科学规划课题的申报流程为例,简要介绍课题申报的基本流程。

每年度课题申报工作自《课题指南》发布之日起启动,申报工作由各区教育科学规划领导小组办公室或相应管理机构和高校、直属单位社科处、科研处或相应管理机构负责组织申报,规划办不直接受理个人申报。

(一)网上申请

不同课题的申报方式有不同要求,如北京市教育科学规划的重大课题不进行网上申请,仅接受文本申报。优先关注课题、重点课题、青年专项课题、校本研究专项课题采取网上申报与文本申报相结合的形式。课题申请人须登录"北京市教育规划课题管理系统"进行网上申报,申报流程参见北京市教育科学规划网相关文件。文本申报按照所在单位隶属关系,经所在单位审查盖章后,分别通过所属受托管理机构报送至规划办。

还有很多一般课题,仅进行网上申报,不再进行文本申报。对于各区中小学的一般课题申请,通常是由各区受托管理机构依据规划办每年下半年下达的申报指标组织推荐工作,并于次年1月31日前确定推荐课题目录,待当年启动申报工作后组织被推荐课题负责人登录北京市教育科学规划课题申报系统填写课题申报书。

(二)纸质材料提交

学校层面申请校本研究课题的数量比较多,关于报送文本材料要求是:审查合格的《课题申报书》一式6份,原件1份,无须装档案袋,由受托管理机构按顺序汇总报送;复印件5份,每项课题装同一档案袋,由受托管理机构按顺序汇总报送;各受托管理机构需同时报送加盖公章的《课题申报汇总表》,申报书要求统一用A4纸双面印制,左侧装订。

学校申报一般课题的文本材料报送要求是:各受托管理机构仅需单独报送加盖公章的一般课题的《课题申报汇总表》,一般课题的《课题申报书》文本由各受托管理机构根据工作需要确定具体报送要求,不需报送规划办,最终经评审获得立项的一般课题的《课题申报书》原件需由课题负责人留存,待课题结题时装订在结题鉴定材料中统一提交。

(三)申报流程图

以北京市教育科学规划课题的申报流程为例,该流程详细呈现了课题申报的整个审批管理过程，中小学校在申报该类课题时需要及时关注审批进度，根据评审的情况进行相应的修改或调整，详见图1-2。

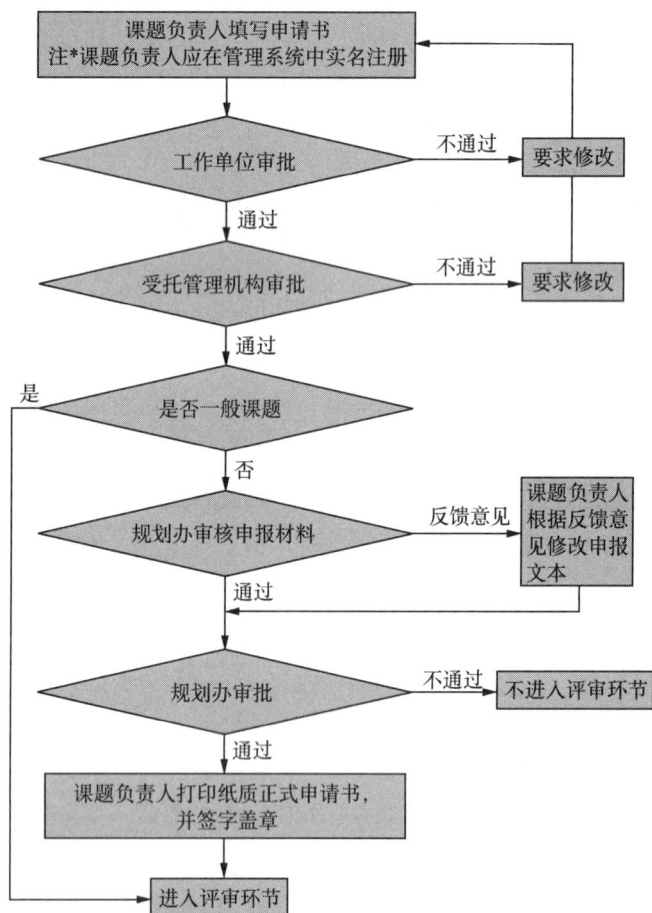

图1-2　北京市教育科学规划课题的申报流程

三、北京市教育科学规划课题立项实践分析

（一）2024年立项课题情况分析

1. 立项课题的研究方向分析

按照研究方向进行统计，2024年北京市教育科学规划550项立项课题中，教育决策咨询研究类51项；教育基础理论研究类34项；教育教学实践研究类465

项，占比85%。这表明了北京市教育科学规划课题的立项特点，即以教育教学实践研究为显著特征。具体分布如图1-3所示。

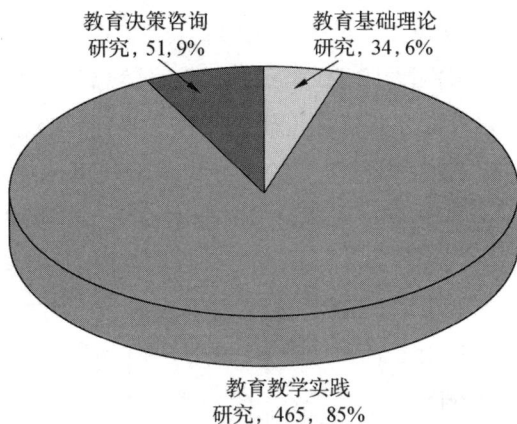

图1-3 2024年度课题立项分析（按研究方向分类）

2. 立项课题的类别分析

按课题类型统计，2024年北京市教育科学规划550项立项课题中，重大课题1项；优先关注课题16项；重点课题45项；校本研究专项课题32项；青年专项课题64项；一般课题372项；职教体系改革专项14项。这表明北京市教育科学规划课题的立项以教育教学实践研究的一般课题类型为主，占比68%。具体分布如图1-4所示。

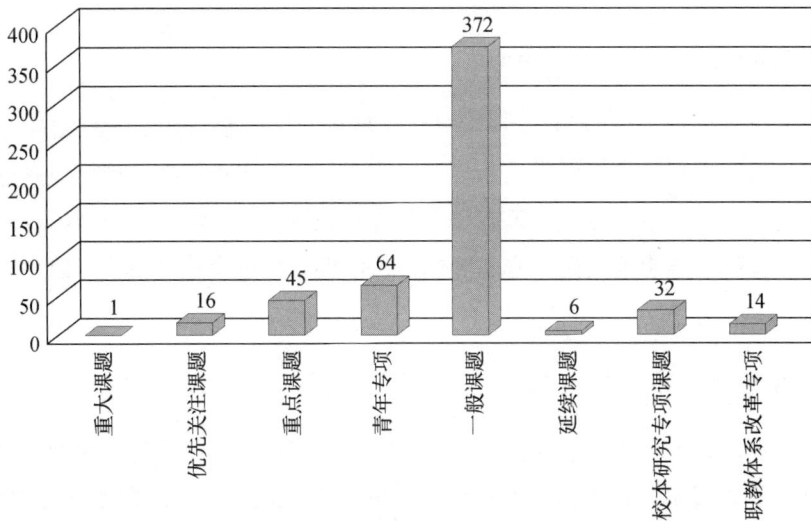

图1-4 2024年度课题立项分析（按课题类型分类）

3. 立项课题的研究领域分析

第一是研究领域，2024 年北京市教育科学规划 550 项立项课题中，"课程、教学、评价改革研究"领域立项最多，共 319 项，占比 58%；第二是"学生发展研究"领域，共 64 项，占比 12%；第三是"教育信息化研究"领域，共 49 项，占比 9%；第四是"教育人才队伍建设研究"和"德育与心理健康教育研究"领域，均为 31 项，占比 6%；申报较少的"终身学习与可持续发展教育研究"领域，共 8 项，最少的是"教育基本理论与国际比较研究"领域，立项 2 项。具体分布如图 1-5 所示。

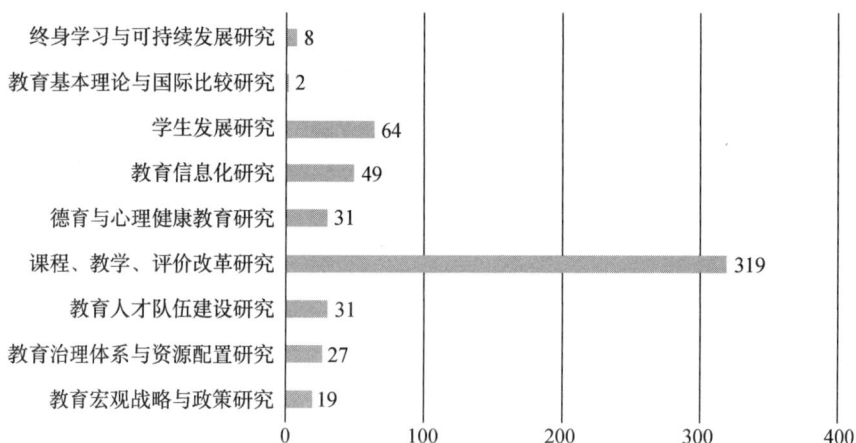

图 1-5　2024 年度课题立项分析（按研究领域分类）

（二）中小学教师课题申报建议

上述对北京市 2024 年教育科学规划课题的立项数据分析，旨在对中小学教师未来的课题申报工作提供借鉴和参考。重点从课题申报情况、申报课题分布及立项课题情况、立项领域分布等多个主题展开分析，为指导中小学教师课题申报提高立项概率、选定恰当研究方向提供分析依据。经过上述分析，可以得出以下几条课题申报的建议。

1. 客观选择适合的课题申报类型

如前所述，在北京市教育科学规划课题的类型设计中，有重大课题、优先关注课题、重点课题、校本研究专项课题、青年专项课题、一般课题的分类设计，其目的是满足不同群体的课题申报需求，即每一种课题类型背后都有既定的申报群体假设。比如重大课题的申请通常是以正高级职称专家为主，而且要借助单位团队的力量才能完成，而青年专项课题则是鼓励 35 岁以下的年轻学者、青年教师进行申报，提高其申请立项的概率，给予倾斜性照顾。

从已有课题申报数据的分布情况看，一般课题的申请数量最多，因为其申请者主要以中小学校为主。此外，校本专项研究课题更是专门指定为中小学设置的课题类型，所以对于中小学教师而言，鼓励其积极申报一般课题和校本专项课题。至于重点课题或优先关注课题，其对理论性、宏观政策性的要求相对较高，如果中小学教师申报，笔者建议组团申报，以提高立项的可能性。

2. 立足学校课程教学研究优势

中小学教师长期扎根于课堂教学一线，在课程教学领域积累了大量的一手素材，有着丰富的实践基础，因此在课题申报过程中应优先关注课程教学领域的题目设计。从上述北京市教育规划课题的立项情况看，教育教学实践研究类的课题数量最多，占比 86%，教育基础理论研究仅占 6%。

此外，从具体的课题研究领域看，首先"课程、教学、评价改革研究"领域立项最多，占比 59.3%，其次是"学生发展研究"领域，占比 11%。由此可见，课程教学评价和学生发展领域的研究选题，是一线中小学教师比较熟悉、长期关注而且有一定实践基础的领域，在课题申报时需要重点考虑已有的研究基础和研究优势，重点关注课程教学的研究选题，提高课题立项的概率，并为后续取得优秀课题研究成果打好基础。

第三节　不能忽视的课题指南

一、课题指南为何不容忽视

（一）什么是课题指南？

课题指南通常由各级教育科学规划管理部门制定，以简短标题的形式呈现，涉及教育事业发展的各个维度，旨在为引导当前教育科学研究的发展方向、指导教育科学研究人员的课题选题提供依据。制定课题指南的部门通常是组织课题申报、实施课题管理的部门，教育领域的课题指南主要来自教育部的全国教育科学规划办公室、各省级教育行政部门的教育科学规划办公室及地市级、县级教育科学规划办等，多数隶属于同级教育行政部门，当然也包括中国教育学会及各级教育学会等。上述机构在充分调研当前教育领域的热点难点问题，尤其是本区域教育改革与发展的重点问题，以及未来教育发展的热点趋势等基础上，制定教育科学研究规划的纲要与课题指南。

课题指南，更是申报课题的重要参考，指明了本年度课题的重点支持方向与领域。

有专家提到过，中小学教师课题申报质量不高的一个重要原因就是"选题随意，偏离了课题指南"，并进一步解释道：课题管理部门在提供的课题指南里其实都"埋进"了一些立项意图，表达了一种期望，也就是希望课题申请人能够根据课题指南的导向来选题。一般而言，课题指南中提供的只是一些大致的选题范围，题目都很大，不太适合直接拿来做课题的题目，需要申请人进行细化，从某一具体的角度去设计题目。但不少中小学教师没有领会这种意图，完全凭个人兴趣或感觉确定选题，具有很大的随意性，没有紧扣课题指南，也就不能体现其立项意图，自然也就降低了立项的可能性。因此，笔者特别建议中小学教师选题时要紧跟指南方向，认真研读课题指南，领会课题管理部门的立项意图，立足自己相对稳定、长期关注的研究领域，将课题指南中的研究范围与自己的研究兴趣相匹配。综合考量、整体设计，在这个基础上提炼出研究题目。

（二）课题指南的价值挖掘

从教育部到地方各级教育行政部门，都非常重视教育科学规划课题的立项工作，在每一个五年计划中都会制定相应的规划纲要和课题指南，也会制定专门的年度课题指南。制定课题指南通常需要经过大量的专题调研和本领域专家的深刻论证，一份高质量的教育科学规划课题指南，通常要反映一段时期教育事业发展所面临的重大理论与现实问题，而且是回应教育事业发展的重点、难点问题，回应群众关切的重点领域与关键问题，这对于中小学教师的选题而言具有重要的参考和借鉴价值。

具体而言，可以从以下几方面深入挖掘课题指南的价值。

第一，认真解读课题指南的方向引导，充分理解政策导向和文件内涵，即吃透相关政策文件和课题指南需求。比如 2018 年北京市教育科学规划课题中关于"核心素养"的立项数量较多，表明立项课题积极回应了课题指南的实际需求，是对课题指南的落实转化和实践解构，而且"核心素养"也是当前宏观政策背景下的热点话题，得到了学术界的普遍关注。2019 年，教育研究热点集中于思政教育、德育和劳动教育方面；2020 年，教育研究的热点集中于劳动教育、培养学生自主能力以及混合教学方式的运用等方面。到 2024 年，教育研究热点集中于落实教育强国战略的理论与实践探索，同时突出人工智能、数字化技术对教育教学的变革影响和模式创新等方面。

第二，课题指南是研究方向的指导，可以让中小学教师了解到当前教育科研管理者关注的热点研究领域与主要研究方向，虽然不一定直接使用这些课题名称，但是至少明确了重点的研究方向，教师可以了解到哪些选题是亟须跟进的，当然这些也是最有可能获得立项的选题。

第三，除全国教育科学规划课题指南以重大课题或招标课题方式呈现之外，其余地方教育行政机构的课题指南通常会列出具体的选题方向，教师可以通过课题指南学习标题的语言组织形式，甚至有些指南经过适当修改、润色后可以直接用于个人的课题。

（三）课题指南的具体应用

在课题指南的具体应用方面，可以从以下几方面着手。

第一，选题要以课题指南为依据，尽量贴近各级教育科学规划部门课题指南中的相关内容。对于中小学教师的课题申报来说，选题要紧扣政策热点，如果找不到相应的政策热点，课题指南就是非常好的参考文本。课题指南是对政策热点的最好概括和梳理，并且是把政策热点中适合课题研究的内容进行了提炼和分析。为提高课题申报的命中率，建议教师尽量围绕课题指南的方向进行选题。虽然不是直接拿来使用，但最好也能围绕指南确定的研究领域确定选题。考虑到中小学教师与大学教师科研的差异性，部分项目也会专门出台教师课题的研究指南，这些课题研究指南通常可以直接拿过来使用。

案例 1-1：北京市教育科学"十四五"规划 2024 年度课题指南

1. 新时代首都高等教育对外开放战略研究
2. 首都职业教育发展新模式研究
3. 首都生育友好型托育体系的构建研究
4. 北京市中小学家校社协同育人机制研究
5. 普惠发展背景下首都特殊教育资源的优化配置研究
6. 教育家精神融入首都教师教育实践研究
7. 首都基础教育高水平教研共同体建设研究
8. 京津冀高校协同发展对策研究

9.北京市中小学科学实验教学现状、问题与改进措施研究

10.新中考改革背景下学校课堂教学方式变革研究

11.北京市中小学美育现状、问题与对策研究

12.学生心理友好型学校文化建设研究

13.大中小学依法治校示范校创建跟踪研究

14.数字化赋能首都基础教育高质量发展的路径研究

15.生成式人工智能在基础教育的应用现状与优化策略研究

16.跨学科主题学习活动实践研究

17.中小学生社会情感学习实践研究

18.中华优秀传统文化融入学校党建和思想政治工作的路径研究

19.老年教育资源共建共享策略研究

第二，课题指南的表述具有"方向性"特征，最终选题需要结合实际具体化、细致化。申报者可以参考课题指南，找到个人课题申报的领域和方向，在这个领域中再进一步探索个人的研究选题，即根据课题指南确定某个"课题意向"，然后逐步将这个"课题意向"转化为具体的"研究选题"。同时，教师可以把课题指南与个人已有研究选题进行比对，判断自己的选题是否符合主流研究方向，是否具有前瞻性。因为一个好的选题通常要具备创新性、前瞻性等特征。

举例来看，2020年北京教育科学规划课题指南中提到了"普通中小学教师科研素养提升的行动研究"。以这一方向为指导，《关于全面深化新时代教师队伍建设改革的意见》中"促进中小学教师的专业化发展，提升综合素养"的要求，某个学校选择了"中小学教师科研素养自我提升的路径研究"作为选题。这一方面是围绕课题指南进行设计；另一方面也是回应当前的政策导向，同时还符合学校层面教师专业发展的实际情况，具有较好的研究基础和实践经验。

第三，除重大或者优先关注课题一般是由教育科学规划部门确立，申报者不得更改课题名称外，课题指南中所提示的研究条目往往是宏观的、宽泛的，所以教师研究选题时，可以就课题指南中的相关条目进行适当延伸，对研究条目做具体的界定分析与分解，从而找出适合自己的选题。教师要基于个体教育实践中遇到的困惑、矛盾，结合个人已有的专业结构、能力水平及研究基础，在契合个人的研究兴趣的前提下，在课题指南的引领下生成新的研究题目。

总之，好的研究选题＝课题指南的引导＋个人教育教学的实践问题。

当然，教师要充分利用课题指南提供的选题空间，比如北京市教育科学规划课题中专门明确了"自由选题领域"：本年度规划课题指南只列出重大课题和优先关注课题题目，重点课题、青年专项课题、一般课题、校本研究专项课题不设具体指南，研究者可自主确定研究题目，鼓励开展教育基本问题和教育难点问题研究，鼓励开展教育实验研究。

二、课题指南是如何制定的

（一）课题指南的制定程序

1. 向社会公开征求意见

制定高质量的课题指南是一项极具挑战性的工作：既要确保课题指南能够揭示特定时期需要关注的问题，还要突出重点、抓住关键，促进教育实践问题的有效解决，同时还需要关切教育当下，预测未来发展趋势。对于多数教育科学规划课题指南的制定来说，通常要先进行公开意见的征求，听取相关科研人员、课题申报人员的选题意见，在综合意见的基础上，形成有代表性、有研究需求的课题指南。比如教育部发布《关于征集国家社会科学基金教育学 2020 年度重大、重点课题选题的通知》，以此来确定 2020 年度全国教育科学规划课题的指南。

确定选题时可参考北京市教育科学规划课题"三大研究方向"与"十大研究领域"的设置，具体内容如下。

三大研究方向：教育决策咨询研究，教育基础理论研究，教育教学实践研究。十大研究领域：教育宏观战略与政策研究；教育基本理论与国际比较研究；教育治理体系研究；课程、教学、评价改革研究；学生发展研究；教育人才队伍建设研究；教育资源配置与效益研究；教育信息化研究；传统文化教育与德育研究；生态文明教育与可持续发展教育研究。

2. 深度对接国家政策热点

课题指南要体现引领性，坚持正确的价值取向，确保基本研究导向和价值追求。因此，各级教育科学规划的课题指南，通常要充分回应国家教育改革的政策导向，课题指南列出的要点与国家政策热点是相对接的。课题指南不仅是回应政策热点的发展导向，同时也要充分考虑到当前教育理论和各个学科发展的前沿和趋势，还要充分反映当前教育教学实践中的真实问题和困难。

3. 组织学科专家研讨

在面向教育科研人员征求意见之后，也要充分征求学科专家的选题建议，在征求意见的基础上，结合区域教育发展的热点、政策趋势等，初步编制课题指南。为确保课题指南的科学性、代表性和严谨性，需要专门召开学科专家研讨会，甚至要征求下属教育科研机构的管理意见。此外，还需要征求上级教育规划管理部门的意见，以及同级教育科学规划领导小组的意见。

案例 1-2：北京教育科学规划课题指南编制过程中的专家论证会

2025 年 2 月 17 日，北京市教育科学规划领导小组第一次会议在北京教育科学研究院顺利召开。会议由北京市教育科学规划领导小组组长、北京市委教育工委副书记、市教委主任李奕主持，北京市教育科学规划领导小组副组长、北京教育科学研究院党委副书记、院长冯洪荣及领导小组成员 12 人出席会议，北京市教委副主任魏旭斌、副主任吴洁、办公室主任宋晓晖、政策研究与法制工作处处长张俊、副处长赵兴龙、四级调研员张友伟等列席会议。会议听取了北京市教育科学规划领导小组办公室关于 2025 年度课题指南研制过程的说明；审议了北京市教育科学规划 2025 年度课题指南中重大课题与优先关注课题选题等工作事宜；与会人员从不同角度对做好教育科学规划与课题管理工作提出了观点和意见，达成了共识。

案例 1-3：北京市教育学会课题指南形成过程

学术委员会参考北京市教育规划课题"十四五"课题指南和国家教育规划课题指南，根据学会课题群众性特色，拟订了课题指南讨论稿。报教育学会各会长进行审议后，形成课题指南征求意见稿。征求意见稿下发各研究分会进一步征求意见，增加一般关注课题，形成拟发稿。拟发稿再请各位副会长、学术委员会主任审定后确定了最终的正式稿。征求意见过程中，各位副会长和研究分会都提出了具有建设性的意见和建议，体现了学会工作大家参与的群众性特点。

（二）课题指南的标准要求

为引导教育科研的正确方向，提升教育科研的整体水平，课题指南的质量至关重要,具体来讲要坚持严谨、严格的工作原则,按照一定的标准要求和规范程序进行。制定课题指南要把握以下几点。

1. 坚持正确的政治方向

要确保指南意识形态的正确性,要认真贯彻党的教育路线、方针、政策,贯彻执行习近平新时代中国特色社会主义思想,落实国家与本地教育事业发展规划提出的任务要求。

2. 坚持正确的研究导向

要坚持实事求是、理论联系实际的方法论,着重关注教育现代化进程中的重大理论问题与实践问题,关注教育领域综合改革中面临的突出问题与难点问题,关注学校教育教学实践中面临的真问题,关注学校、教师、学生发展的现实需求。要突出指南的时代性、前瞻性、针对性和导向性。

3. 坚持分类的设计思路

分类是一种化整为零、化繁为简、分别对待、各个击破的思维策略,它在人类的思维发展中起着重要的作用。鉴于课题指南涉及课题类别、研究领域、研究方向等标准,在顶层设计时要坚持分类的设计思路搭建框架结构,准确定位每一类课题的特点与适宜人群,促进研究主题与研究主体的完美契合。

4. 坚持精准设题的方法

对于给定题目的课题类别(如重大课题、优先关注课题等),要坚持"精准设题"的方法。一方面所选研究主题要精准,要切实反映区域教育改革和发展以及教育实践中急需解决的问题;另一方面题目表达要精准,表意要符合学术规范。此外,如有需要也应对研究目标、研究内容等方面进行精确界说。[1]

三、课题指南分类与案例展示

(一)课题指南的分类

笔者整理了全国不同地区的教育规划课题指南后发现,不同层级、不同区域的教育规划课题指南有多种形式,可以进行不同的分类,中小学教师需要根据不

---

[1] 庞立场:《教育科学规划课题指南的形式与制定策略》,载《教育科学论坛》,2018(16)。

同的申请条件，合理选择不同的课题指南。当然，不同地区的课题指南也具有一定的通用性特征：都是对当前教育改革、课堂教学及学生管理等方面的前沿热点分析，具有一定的参考价值。因此，中小学教师在申报本区域教育规划课题时可以借鉴参考不同区域、不同层级的课题指南，综合判断形成个人的研究主题，以提高选题的质量。

以北京市教育规划课题指南为例，2011年度课题指南按照重大课题与研究领域罗列课题题目，2012年度增设了"优先关注课题"。重大课题列出题目并明确规定研究目标与研究内容，优先关注课题列出题目，其他研究领域采用描述性说明。2013年度再次对指南的形式进行调整，重大课题仅罗列题目，不再描述研究目标与研究内容，优先关注课题仍罗列题目，其他研究领域不设指南。2016年度对研究领域进行了调整，将11个研究领域调整为10个研究领域。2017年度再次对指南形式进行调整，优先关注课题按照十大研究领域设题，每个领域列出3～5个课题题目。

（二）课题指南分类案例

1. 按照指南作用年限分类

根据课题指南的作用年限，可以把课题指南分为年度课题指南和规划课题指南。其中，年度课题指南通常是每年发布、连续实施，在每年年初或者前一年年末发布，仅用于指导当年或下一年度的课题申报工作，发布机构以全国教育科学规划和各省级教育科学规划课题为主。该类课题指南具有较强的时效性，及时引导教育改革热点问题的研究工作，同时也比较具有针对性，课题的涉及范围相对偏小，具有更强的灵活性和目标取向。

·············· **案例1-4：北京市教育科学"十四五"规划2023年度课题指南节选**

一、重大课题

1.首都基础教育高质量发展评价研究

2.首都拔尖创新人才培养的协同机制与贯通模式研究

3.首都职业教育、高等教育、继续教育协同创新研究

二、优先关注课题

1.北京市属高校分类发展的动力机制研究

2.北京市高中教育多样化发展研究

3. 北京建设学习型大都市的创新研究

4. 北京市中小学科学教育的现状与国际比较研究

5. 基础教育阶段北京市国际学校的需求与发展质量研究

6. 传统美育思想的时代价值与应用研究

7. 推进中小学党组织领导的校长负责制的跟踪研究

8. 人工智能在中小学教学中的应用研究

9. 构建支持首都高质量发展的职业人才培养体系研究

10. 核心素养导向的中小学教学方式改革研究

11. 基于学习进阶的形成性评价体系建构与实施研究

12. 中小学科技创新教育基地的创设与运行机制研究

13. 北京市完善中小学学生人格发展的实践研究

14. 数字化时代青少年学生学习特点研究

15. 中小学教师心理健康风险的早期识别与精准干预研究

16. 中小学班主任专业素养构成及其培养途径研究

17. 首都基础教育教师培训体系构建研究

18. 北京市教育数字化战略方向与实施路径研究

19. 首都教育数字治理体系构建与推进策略研究

20. 运用现代信息技术深化教育教学质量评价的研究

与年度课题指南相对应的是规划课题指南,规划课题指南通常是以一个五年规划期为指南发布周期,与教育事业发展规划纲要的时间一致,能够紧扣宏观政策的走向,关注到教育发展的重大战略需求和最新改革趋势。但是在时效性和针对性方面相对弱一些,更多地体现了全局性、引领性和方向性等作用。发布机构主要以省级或地市级教育科学规划课题为主,比如天津市教育科学规划课题、江苏省教育科学规划课题等。

2. 按照指南标题的呈现方式分类

课题指南的核心内容是标题,指南往往由各种不同形式的标题组成,根据标题文字的呈现形式大致可以分为三种情况。

第一,课题指南中明确提出了选题题目。这种形式较为常见,很多指南中的题目可以直接使用,稍作修改后可以作为选题题目,比如前面举例的北京市教育科学规划课题的优先关注题目,多数可以直接使用,而且也不允许修改题目。

第二，课题指南仅描述了研究方向和领域，没有对具体的研究题目进行设定。这种指南的灵活性比较强，以引导性为主，对选题不做明确限制，选题设计可以有更多自主性。教师可以根据研究兴趣、研究基础自主设计选题，而且在立项概率上有更多的平衡性。

第三，课题指南仅给定题目并限定了研究要点。这种课题呈现方式多数用于招标课题、重大课题的表述，课题管理部门通常会在提出课题题目后对其研究要点进行解说，明确表达需求，有委托研究的性质，旨在保证课题研究取得预期成果。当然，这也便于课题申报者准确破题、理解课题设计者的意图，综合判断自身是否具备研究条件与研究能力，能否取得预期成果。

案例 1-5：北京市教育科学规划 2020 年度课题指南

1. 北京基础教育国际学校发展研究

2. 学校、家庭、社会"三位一体"共育研究

3. 中小学教科书促进中华民族文化认同的作用研究

4. 新高考改革背景下建构增值评价体系研究

5. 中小学校劳动教育课程开发研究

6. 北京市普通高中育人方式创新研究

7. 中小学生危机处理的有效策略研究

8. 北京市中小学生体质健康测试成绩现状及对策研究

9. 中小学生在线自适应诊断模式构建研究

10. 北京市中小学教师减负问题研究

11. 基于中华优秀传统文化提升中小学教师育人能力的研究

12. 提升普通中小学教师科研素养的行动研究

13. 新时代中小学班主任队伍建设研究

14. 基于信息网络技术的未来学校研究

15. 中小学网络学习空间下的教学改革研究

16. 北京市大中小幼学生生态文明素养评价体系研究

第二章

研磨出来的好选题

发现好问题比解决问题更重要!

研磨好选题,要把握三个关键:一是大处着眼,对标政策;二是小处着眼,对标关键词;三是落位精准,找准切入点。选题设计要做到"上下""左右""前后"看。

第一节　研判好选题的三个关键

如何选择有价值的研究主题？选题是课题中标的关键，是课题"画龙点睛"之笔所在，这就有必要分析优秀选题的特征。中小学教育科研主要是一种实践性研究，其主要目的是解决教育教学实践中遇到的问题。中小学教师研究、确定选题时要选择既有一定的理论意义，又有一定的实际应用价值，能够满足国家、社会、学校发展需求的领域。要关注教育教学中的真问题，发现问题的价值远远大于解决问题的过程，好的选题是教育科学研究推动教育教学实践发展的重要起点。

对中小学教师而言，判断一个选题的价值，可以基于以下几方面进行。

一是课题研究的方向要准确，要能符合学生成长的实际需求，能够体现出新时代发展过程中立德树人的要求，并具有一定的前瞻性。

二是要找准理论支撑点，善于借助已有的学科教学法、认知心理学、学习科学、脑科学等研究领域的已有成果，从理论的角度解决实际的问题，力求将实践经验向理论层面转化。

三是结合本校的教育教学工作实际，避免范围过大和开放性较强，找到适合的切入点，实现精准落位。

四是能改进实际的教育教学工作，助益学校的高质量发展，帮助教师解决具体问题，促进学生全面发展、健康成长。

好选题既是思想、观点、价值的表达，也是课题价值和功能的直接体现。那么，如何选择选题呢？

选题常见的来源大致是以下三种路径：大处着眼看政策、小处着手雕琢关键词、落位精准抓切入。

一、大处着眼：看宏观政策

大处着眼看宏观政策，是指从政策导向中寻找教育研究的发展趋势和热点，同时要适当地"登高望远"，围绕相关政策热点进行，这是好选题的有效来源之一。

（一）从国家教育政策中分析学科发展趋势

精准把握、深度分析国家教育政策。一方面，要围绕当年的课题立项指南，对感兴趣的课题进行教育政策背景的梳理，从而确定选题的方向和范畴；另一方面，要掌握近年的国家教育政策，并能够深度解析政策制定的背景，深刻理解政策的顶层设计，掌握大方向和大趋势。

2018—2025 年我国中小学教育政策相关规定及目标

1. 中共中央　国务院《中国教育现代化 2035》(2019 年 2 月)

提出了推进教育现代化的八大基本理念：更加注重以德为先，更加注重全面发展，更加注重面向人人，更加注重终身学习，更加注重因材施教，更加注重知行合一，更加注重融合发展，更加注重共建共享。

2. 中共中央　国务院《关于深化教育教学改革全面提高义务教育质量的意见》(2019 年 6 月)

树立科学的教育质量观，深化改革，构建德智体美劳全面培养的教育体系，健全立德树人落实机制，着力在坚定理想信念、厚植爱国主义情怀、加强品德修养、增长知识见识、培养奋斗精神、增强综合素质上下功夫。

3. 教育部等十一部门《关于促进在线教育健康发展的指导意见》(2019 年 9 月)

到 2020 年，在线教育的基础设施建设水平大幅提升，互联网、大数据、人工智能等现代信息技术在教育领域的应用更加广泛，资源和服务更加丰富，在线教育模式更加完善。到 2022 年，现代信息技术与教育实现深度融合，在线教育质量不断提升，资源和服务标准体系全面建立，发展环境明显改善，治理体系更加健全，网络化、数字化、个性化、终身化的教育体系初步构建，学习型社会建设取得重要进展。

4. 中共中央　国务院《新时代爱国主义教育实施纲要》(2019 年 11 月)

在普通中小学、中职学校，将爱国主义教育内容融入语文、道德与法治、历史等学科教材编写和教育教学中。大中小学的党组织、共青团、少先队、学生会、学生社团等，要把爱国主义内容融入党日团日、主题班会、班队会以及各类主题教育活动之中。组织大中小学生参观纪念馆、展览馆、博物馆、烈士纪念设施，参加军事训练、冬令营夏令营、文化科技卫生"三下乡"、学雷锋志愿服务、创新创业、公益活动等，更好地了解国情民情，强化责任担当。

5. 教育部《关于加强和改进新时代基础教育教研工作的意见》(2019 年 11 月)

教研机构要加强与中小学校、高等学校、科研院所、教师培训、考试评价、电化教育、教育装备等单位的协作，形成以教育行政部门为主导、教研机构为主体、中小学校为基地、相关单位通力协作的教研工作新格局。

6. 中共中央　国务院《关于全面加强新时代大中小学劳动教育的意见》
（2020 年 3 月 20 日）

把劳动教育纳入人才培养全过程，贯通大中小学各学段，贯穿家庭、学校、社会各方面，与德育、智育、体育、美育相融合，紧密结合经济社会发展变化和学生生活实际，积极探索具有中国特色的劳动教育模式，创新体制机制，注重教育实效，实现知行合一，促进学生形成正确的世界观、人生观、价值观。

7. 教育部等十三部门《关于规范面向中小学生的非学科类校外培训的意见》，（教监管〔2022〕4 号）（2022 年 12 月 28 日）

中共中央办公厅、国务院办公厅印发《关于进一步减轻义务教育阶段学生作业负担和校外培训负担的意见》以来，学科类校外培训治理工作已取得积极成效，但面向中小学生（含 3 ～ 6 岁学龄前儿童）的非学科类校外培训问题凸显，集中反映在资质不全、培训行为不规范、培训质量良莠不齐等方面，人民群众对此反映强烈。为进一步深化校外培训机构治理，全面规范非学科类培训行为，切实维护广大中小学生和学生家长权益。

8. 教育部《关于实施国家优秀中小学教师培养计划的意见》（教师〔2023〕5 号）（2023 年 7 月 26 日）

从 2023 年起，国家支持以"双一流"建设高校为代表的高水平高校选拔专业成绩优秀且乐教适教的学生作为"国优计划"研究生，在强化学科专业课程学习的同时，系统学习不少于 26 学分的教师教育模块课程（含参加教育实践），通过"国优计划"研究生培养吸引优秀人才从教，为中小学输送一批教育情怀深厚、专业素养卓越、教学基本功扎实的优秀教师。

9. 中共中央　国务院《关于弘扬教育家精神加强新时代高素质专业化教师队伍建设的意见》（2024 年 8 月 6 日）

坚持以习近平新时代中国特色社会主义思想为指导，深入贯彻党的二十大和二十届二中、三中全会精神，坚持党对教育事业的全面领导，贯彻新时代党的教育方针，落实立德树人根本任务，把加强教师队伍建设作为建设教育强国最重要的基础工作来抓，强化教育家精神引领，提升教师教书育人能力，健全师德师风建设长效机制，深化教师队伍改革创新，加快补齐教师队伍建设突出短板，强化高素质教师培养供给，优化教师资源配置，打造一支师德高尚、业务精湛、结构合理、充满活力的高素质专业化教师队伍，为加快教育现代化、建设教育强国、办好人民满意的教育提供坚强支撑。

10. 教育部办公厅关于印发《中小学科学教育工作指南》的通知（教监管厅〔2025〕1号）（2025年1月14日）

为深入贯彻习近平总书记关于在教育"双减"中做好科学教育加法的重要指示精神，推动中小学科学教育工作更加重视激发学生好奇心、想象力、探求欲，更加聚焦提升学生科学素养、培育学生批判思维和创新能力，更加关注激发学生科技报国的远大志向，以扎实举措和实际成效，统筹推进教育科技人才体制机制一体改革，制定本指南。

11. 中共中央　国务院《教育强国建设规划纲要（2024-2035年）》（2025年1月19日）

提出要塑造立德树人新格局，培养担当民族复兴大任的时代新人。提出加强和改进新时代学校思想政治教育，加强党的创新理论体系化学理化研究阐释和成果应用，拓展实践育人和网络育人空间和阵地，促进学生健康成长、全面发展，打造培根铸魂、启智增慧的高质量教材，推广普及国家通用语言文字。

（二）从省市级地方教育政策中分析研究趋势

中小学教师要关注当地的教育政策，以及当地出台的落实国家教育政策的制度、规定和具体实施方案，缩小政策范围。这样不仅使课题能具有当地代表性，而且使研究结论更能满足当地的实际需要。例如，早在2014年，教育部为贯彻落实党的十八届三中全会关于完善中华优秀传统文化教育的精神，落实立德树人根本任务，进一步加强新形势下中华优秀传统文化教育，制定并发布了《完善中华优秀传统文化教育指导纲要》；2019年12月15日上午，国内首个《中小学传统文化教育指导标准》在京发布，该标准是在当前落实立德树人、推进基础教育课程改革和实施新高考改革的大背景下研制的新标准，充分考虑了传统文化教育内容和实施路径与现代中小学生年龄特点的融合，为中小学传统文化教育的开展，提供了科学的、成体系的、建设性的方案。北京市西城区黄城根小学的"有效促进小学中年级学生体验中华传统文化的实践研究"课题，既遵循国家政策要求，又符合北京市的指导标准，同时也更贴近北京市中小学传统文化教育的现实需要。

（三）关注教育热点问题

中小学教育科研主要是一种实践性研究，其主要目的是解决教育教学实践中遇到的问题。但实践中的问题可能有很多，只有和社会发展关系最为密切的问题，其研究的价值效益才最大。因此，中小学教师研究选题时就要选择既有一定的理论意义，又有实际应用价值，能满足国家、社会、学校需求的课题。

从这个角度，中小学教师要全面了解社会教育热点问题，对社会关注程度较高的、人民群众密切关心的教育问题进行重点、深度分析，必要时要予以一段时间的跟踪调研，以确定其是否适合作为科研选题。例如，"人工智能学习系统在高中化学教学中的案例研究"这一课题就抓住了人工智能的社会热点和研究前沿，更具创新性和吸引力。

这些选题得以立项的依据，也从专家的评价、讨论中得到论证。有专家在针对中小学教师课题选择的建议中就提到"了解基本选题思路，基于教育实践经验、聚焦教育问题解决、关注教育发展方向、结合个人研究兴趣"；"明确选题来源：源于教育教学工作实践、源于国家教育政策方针、源于教育理论成果的应用转化、参考各级教育规划课题指南"。

二、小处着手：雕琢关键词

选题中关键词的使用，最能体现选题的专业性和规范性，这是好选题的另一个重要标准。选题必须与课题设计相符，并提供专业、足够的关键词。关键词还可以衡量选题的规范性，要求选题的字、词、句的选用必须符合学术规范，使用学术性语言。因而，标题中的关键词要使用学术语言，规避工作语言。例如，"班级纪律不好问题的解决"这一标题，关键词"纪律不好"属于很明显的工作语言，教师可以从寻找纪律不好的原因入手，探究是因为"问题生"居多、班级凝聚力建设问题，还是频繁更换班主任所导致，从而将"纪律不好"的关键词确定为"班风班纪建设"。

具体而言，如何从工作语言、工作现象中提炼规范化、学术化、严谨表达的关键词呢？下面以表 2-1 中北京市教育科学"十四五"规划 2024 年度立项课题提炼出的关键词为例进行分析，可以得知规范严谨的关键词是如何提炼生成的。

表 2-1　北京市教育科学"十四五"规划 2024 年度立项课题关键词

课 题 名 称	研 究 领 域	关 键 词
铸牢中华民族共同体意识教育融入高中思想政治课的实践研究	课程、教学、评价改革研究	中华民族共同体、高中思想政治课
高质量发展背景下青年教师职业认同的困境及其重建研究	教育人才队伍建设研究	高质量发展、青年教师、职业认同

续表

课 题 名 称	研 究 领 域	关 键 词
中小学生粗心问题的心理机制与干预策略研究	学生发展研究	中小学生、粗心问题、心理机制
指向教学内容结构化的语文教学改进研究	课程、教学、评价改革研究	教学内容结构化、语文教学改进
北京市中考英语听说测试改革反拨效应研究	课程、教学、评价改革研究	中考英语、听说测试、改革反拨效应
阅读策略赋能跨学科主题学习的教学体系构建研究	课程、教学、评价改革研究	阅读策略、跨学科主题学习、教学体系
双机评在高考英语听说考试规模化测量中的实践模式研究	课程、教学、评价改革研究	双机评、高考英语、听说考试规模化测量
特殊类型招生政策改革背景下首都普通高校高水平运动员文化教育模式创新研究	学生发展研究	特殊类型招生、高水平运动员、文化教育模式
成果导向教育理念下本科护生—护士循证护理交互式协同教学模式构建与实证研究	课程、教学、评价改革研究	成果导向、循证护理、交互式协同教学
基于北京红色出版资源的出版学课程思政建设研究	课程、教学、评价改革研究	红色出版资源、出版学、课程思政建设

（一）关键词常见问题

中小学教师在申报科研课题时，存在一些关键词表达的常见问题。有效规避这些问题，有助于提高选题中标率。

1. 将工作任务作为课题名称

将工作任务作为课题名称，这是混淆了工作任务与科研课题的关系。

例如，"小学快乐数学课程实践""学校科研骨干队伍建设策略研究""学生英语游戏节设计与实施"这三个题目中的"快乐数学""骨干队伍""游戏节"等关键词，都是教学中的工作语言，缺少专业学术性和规范性。

虽然课题的来源之一确实是教学工作中产生的问题，但在申报课题时，需要将这些工作问题用专业术语来表达，将之转化为科研课题。

2. 表述不精练

题目表述不精练，题旨空泛，容易导致"馅饼摊的太大了，无从下嘴"；题目切入点不准确，从而使研究题目难以驾驭。

例如，题目一：综合课程设计原则下的学校计算机基础课多种教学模式的探究与应用；题目二：基于核心素养的小学数学教学变革。题目一的矛盾点在于切入点究竟是"综合课程设计""学校计算机基础课"还是"多种教学模式"？题目二问题在于题旨过于宽泛，这样的题目必然导致研究内容泛泛而谈，找不到重点。

因此，选择题目的切入点要精准，要"小题大做"，以小见大。

3. 缺乏问题意识

研究课题是对现实问题的概念化，脱离了实践问题的课题，不是好课题。缺乏问题意识主要体现在三个方面：一是题目旧，时效性差；二是题目偏，非主要矛盾；三是题目假，非真实问题。

例如，题目一：探索式教学中视频导入对学生学习投入度的影响研究；题目二：小学英语教学中中华传统文化教育的实施策略。题目一的"视频导入对学生学习投入度的影响"在教育教学多年的实践中已经被证实了其正面作用，再次研究显得课题陈旧；题目二的"中华传统文化教育"并非英语教学的主要问题，偏离了研究的主线。

（二）好选题关键词的标准

为了规避上文所述题目存在的问题，有必要从专家评审视角来雕琢用词，加强标题语言表达的锤炼。明确和掌握关键词标准能够为研磨出好选题提供精准帮助。

1. 简洁明了

标题简洁明了是要求标题尽量精练，要有高度概括性，不重复、不烦冗。

·标题用语必须精练概括，应尽量避免用完整的句子，突出选题的"短语性"特点。

例如，将《基于网络下的专业化辅导员队伍建设的校本培训》，改成《网络环境下的辅导员专业培训模式的研究》，后者表达更为精练、清晰。

·慎用、少用介词短语做修饰语。

标题中尽量不用或者少用无关紧要的修饰词，措辞必须严谨、科学，如果用专业术语能概括出文章内容，就不要用别的替代词。

·标题的字数要有一定限制，一般不宜超过 25 字。

2. 准确、具体、客观

所谓准确，主要是指标题能概括课题核心内容，能准确恰当地、实事求是地表达课题设计的深度和广度，符合直接、具体、醒目的要求，能直接表达课题的论题观点，达到文题相符。

例如，《学习分析与中学生自我效能感研究》，题目中"学习分析"和"中学生自我效能感"呈现并列关系，是不当的表达，改成《基于学习分析的中学生学习自我效能感提升策略研究》，明显可以看出落脚在"中学生学习自我效能感提升"上。

所谓具体，指的是课题标题要求写具体，中心词要有具体所指，让评审人能够一眼看出"研究的是什么"。这就要求准确把握课题研究的基本设计原则，即标题用语能贴切主题，恰如其分地揭示课题主要内容。

例如，《加强校本教研，促进教师专业化发展》，属于部署工作的语言范式，题目阐述不够具体，改成《校本科研促进教师专业发展路径与模式研究》，则更为具体。

所谓客观，是指客观陈述，即探索事物的发展规律与态势，题目所表述的应该是研究什么，而不是对研究结果的期望。

例如，《如何利用实习机会提高大学生的责任心和求知欲望》，这个题目的表述是希望达到"提高大学生的责任心和求知欲望"的结果所作出的问句，改成《网络实习机会对大学生责任心和求知欲的影响研究》，更能体现客观探索规律的意蕴。

3. 新颖

标题的新颖性，是指标题能够新颖地表现主题，它是由研究内容的创新性所决定的。所谓创新性，主要表现为能在已有知识的基础上提供新知识，或开拓一个新领域、提出一个崭新的课题，或构架一个新的理论体系、提出一个新观点，或发掘了新的资料、做出了新论证，或运用了新的角度、新的方法。新颖的标题能够给人以新鲜感，要求选题形式要新、构思要巧、表达要奇。

三、落位精准：明确切入点

确定了选题的研究方向之后，还需为选题探寻到适合的切入点，实现科研的精准落位。中小学教师可以从问题出发，以解决问题为导向，同时要结合个人和学校实际情况，探寻到教育科研工作开展的具体切入点。

在中小学教育实践中，最主要的问题包括：一是现实性问题，即学校层面系统改进的问题；二是探索性问题，即教育新理论和新成果转化为具体的教育教学实践活动时所遇到的问题；三是反思性问题，即以自身的教育教学活动过程为思考对象，需要对其行为以及由此而产生的结果进行审视和分析的问题，比如学科课堂教学的有效性问题。

总之，课题研究的"问题"是研究者在其自身教育教学实践中发现的值得"追究"和"设计"的关键问题。与此同时，需要追问：选题是否以解决教育教学工作中的实践困惑为目的；选题是否重点考虑了本校或研究者本人的已有研究基础和研究优势。

面对同一主题的选题，内容往往比较宽泛，开放性较强，如果不能定位切入点，容易造成题目过大，范围广、内容多，相关文献材料和实践调研无法聚焦。既不能集中精力、难以把握选题的核心，选题本身也会因不符合规范而遭到淘汰。因而最好的办法就是找准切入点，细化选题，缩小选题的范围和角度，化多为少，化大为小，化粗为细，宽题窄做，最终确定选题。否则，切入口径过大，主题就难以收拢。

例如，《基于核心素养下的高中数学活动研究》这一课题，教师想探讨、研究课堂教学与课下实践相结合的数学活动形式对学生数学核心素养的积极作用，但选题只将"数学活动"作为切入点，未免范围过大，既没有聚焦课堂和实践这两个场域内的"活动"，也没有提及核心素养评价的概念，缺少方法和成果结论导向。

要能够回答两个问题：我从哪里来？也就是明确研究目的，明确地回答研究初衷是什么，然后根据初衷审视研究的内容指向与外延范围。然后回答：我要到哪里去？我预计的研究成果是否能解决我当初所提的问题？通过这样的追问，帮助自己清晰研究主题，凝练研究题目。

第二节　确定选题过程：回眸来时路，展望未来时

中小学教师的科研选题要把握"回眸"和"展望"两个向度，还要多借鉴与琢磨，发现优秀选题获得立项的优势所在，从往年获得立项的课题中，获得借鉴与启发。在不断"回眸"的过程中，完成自带课题的检验论证。而且，回眸的价值更在于"展望"，站在前人的肩膀上前行，在研究中不断产生新的见解，催生其

学术价值和实践意义。这些都要遵循"回眸—思考—展望—论证"的过程。

一、从已立项课题中检索论证

中小学教师做好科研选题，要从已立项的课题出发，通过对选题领域、立项课题分布、专家评审来源进行科学的分析，研究这些选题中标的原因，领悟优秀所在。

值得注意的是，一般而言，经过一定的筛选，从 3 年内立项选题的热度、难度、重点度、关注度几方面给予考量后，发现的有价值选题是可以被再次研究的，这时候就要搜索是否有人进行拓展或再次选用研究，如果已有学者再次研究，也证明了这一选题的理论和实践价值。

中小学教师可以换个视角进行创新研究，琢磨选题；对于鲜有再次研究的前选题，中小学教师要注意甄别，判断该选题究竟属于提出的问题无法解决、对策无法实施，还是因为缺少关注而成为冷门的有价值选题。若是后者，教师可以进行再次研究。

（一）北京市教育科学"十四五"规划 2024 年度立项课题关键词云图分析

为准确把握北京市教育科学规划课题最新的立项关键热点词，笔者以北京市教育科学"十四五"规划 2022—2024 年度的拟推荐立项课题数据进行分析，以课程、教学、评价改革研究领域为例，突出对中小学教育教学实践研究的关注热点，利用词频分析工具生成立项课题名称的关键词统计云图，详见图 2-1、图 2-2、图 2-3。

图 2-1　北京市教育科学"十四五"规划 2022 年度立项课题
（课程教学评价改革领域）热点关键词

图 2-2　北京市教育科学"十四五"规划 2023 年度立项课题
（课程教学评价改革领域）热点关键词

图 2-3　北京市教育科学"十四五"规划 2024 年度立项课题
（课程教学评价改革领域）热点关键词

　　由图中可以看出：第一，2022—2024 年这三年的立项课题中，"双新""五育融合""教学""课程""学习"成为高频词，因而中小学教师在选题时，可以参照高频出现的组词规范结构表达，从而启发自己拟定新题目，如《基于学科大概念的高中思想政治课议题式教学的实践研究》《核心素养背景下基于大概念的小学课程统整研究》等；第二，在这三年的立项课题中，除上述高频词外，"素养""融合""资源""人工智能"等词出现的频率也很高。中小学教师要善于总结三年中出现的与研究内容密切联系的高频词，找到切入点。

（二）好选题的论证过程

基于对"十四五"期间立项课题的检索、分析和论证，结合个人研究能力与兴趣，生成最精准的课题表达，让选题具有规范性、科学性、严谨性和前沿性。

1. 判断选题是否具备研究属性

好的选题，必须具有研究意义与价值，具备研究属性。胡东芳在《教育研究方法：哲理故事与研究智慧》一书中指出，教育研究的判断标准有三条。

· 研究不是让你告诉人们一个众人皆知的事实和道理，而是让你努力找到一个这个世界上绝大多数人，甚至这个世界上除了你以外，没有人可以知道的一个新的事实、一个新的发现。

· 你的研究有没有找到蕴藏在偶然现象背后的必然规律，是否能够把偶然性上升到必然性。如果你能够做到，就是一项真正的研究。

· 研究一定需要你的思维，特别是创新性思维的参与，研究一定需要你运用一定的研究工具，研究一定需要你遵循一定的研究程序，研究一定需要你采用一定的研究方法并遵循其相应的规范。[1]

那么，如何从研究问题的来源判断选题是否具有研究的属性呢？

研究问题有两种来源：一种来自实践，另一种来自理论。这两类问题的区别是：理论性的问题，需要回答，但无法通过科研活动加以彻底解决；实践中的问题，不仅需要回答，更重要的是加以解决。科研工作中，选题往往"源于实践"，需要教师积极寻找"理论支架"，从实践问题中提炼、寻找理论支持。将"实践问题"提升为具有理论性的"实践选题"。这样，能够"有理有据"地解决问题。

2. 深度琢磨，追问选题价值

怎样在习以为常的教育现象中找到有创新价值的选题？不妨从"天上为什么掉馅饼"的不断追问中来体悟其中的奥秘。

（1）明确课题立项的最重要标准——选题价值。

课题研究的价值是衡量一项课题成功与否的重要标准。就一项研究课题而言，我们判断其是否具有研究价值，其依据和标准就是能否达到和实现研究的四个目标或目标之一，即能否改进学校的教育教学工作、能否促进学生的健康成长、能否提高自身的专业素养、能否为社会所需。只要达到了研究的四个目标或目标之

---

1 胡东芳：《教育研究方法：哲理故事与研究智慧》，上海，华东师范大学出版社，2009。

一，那么该研究课题就是有价值的。选题作为课题研究的其中一个阶段，其价值体现最终指向的是达到和实现研究的四个目标或目标之一。

特别是第四个目标，越是高级别的课题越需要考虑选题的社会效益。因为批准课题立项的目的也在于通过一个课题的研究对一类教育教学的变革起到带动、示范、借鉴的作用。学校通过课题研究，应对变革，积极挑战，转变观念，主动适应，从容应对。

例如，《家校—社区支持下小学生跨学科劳动体验课程开发与实践案例研究》这一选题，符合中共中央、国务院提出的"积极探索具有中国特色的劳动教育模式，创新体制机制"的需要，形成有应用价值的经验。

（2）保持"琢磨"的工作状态。

保持工作中的"琢磨状态"，时刻保持对问题的"新鲜感"，这也是最好的研究状态。研究者进行科研活动的初心与动力促成了研究的"真实发生"，这一过程遵循着一定的"意识流"：没有好奇与疑惑就不会产生问题，没有问题就不会有解决问题的强烈动机，没有解决问题的动机就无法激发研究的愿望，而没有研究的愿望就难以产生研究的行动，没有研究的行动当然也就很难有效地解决问题或提出合理的解释。

由此可知，发现研究课题的一条常见而有效的思路是：变换立场、角度，重新审视遇到的问题和困惑，不断追问和探索，针对问题进行理论诠释和实践改进。

（3）发现有价值的问题的路径。

科研活动是以问题为中心的。以问题为中心做研究的关键在于，善于发现并提出有意义、有价值的真问题。想要提出真问题，就要有琢磨的习惯，也要培养敏锐的洞察力。有些问题是前人涉足过的领域，但仍然有未开发的空间、未触及的深度，需要后人凝练再加工；还有些是前人未提及的新问题，具有一定的创造性。

在课题研究中，发现问题比解决问题更重要。课题研究的起点实际上就是发现有价值的真问题。

发现有意义、有价值的真问题的有效路径有以下几条。

一是从过往经验中总结，从日常教学中提炼真问题。

二是在与新理念、新政策、新技术、新规划、新目标的"对话"探索中，在指向未来教育教学场合中捕捉新问题。

二、选题思维："上下""左右""前后"看

中小学教师进行选题时，既要找准方向，也要掌握正确的方法。明晰精准定

题的思维路径和策略方法，可以帮助教师在定题时更有把握。这首先需要教师转换思维路径，从工作思维转为科研思维。其次，在精准定题的过程里，可采用全方位环顾的"三看"法。

（一）转换思维路径：将工作思维转换为科研思维

选题方向有些迷茫，这是中小学教师科研工作中的典型现象。教师需要明晰的是：对解决问题的具体路径而言，工作路径与科研路径是一致的。但是，科研思维和工作思维二者之间存在着指向的差异。科研思维指向将感性认识的问题进行理性的假设、推理和验证，从而提出解决途径的研究过程。研究问题的过程就是解决问题的过程；而解决问题的过程则是教师专业成长的过程。只有具备科研思维，用科研思维去思考、探索和寻找解决问题的方法，才能从选题走向立题。

中小学教师若具有了"研究什么问题、利用什么方法、将得到什么结论、该结论具有什么意义"的思维方式来考虑教育科研，就可以说其已经在成为研究型教师的路上了。

树立科研思维，首先要求教师提升科研意识，那么，什么是科研意识？简而言之，它包括问题意识、概念意识、方法意识和转化意识。所谓问题意识，是指教师在教育教学活动中，把教育问题、教育现象和规律作为主要的研究对象，通过观察等方法，根据教育能力和实践经验，围绕教学内容、教学方法、教学过程等教育教学问题进行研究和反思。所谓概念意识，是指将问题转化为课题关键词，在此基础上提炼出定义，这也是保证学术专业性的关键。也就是说，课题研究需要有"下定义"精准概括、专业表达的意识、能力。所谓方法意识，是指以实证研究为主，使用教育叙事法、个案研究法、质的研究方法、教育实验及行动研究法等研究方法，在教育教学实践中具体分析研究问题的性质和特点，选择适当的研究方法进行推进。所谓转化意识，即成果转化意识，要求教师培养思维转化能力。例如，从关注工作问题解决转化为关注解决过程的反向倒逼思维策略；将某个领域的原理、技术、方法引用或渗透到其他领域从而导致新课题产生的移植思维策略等。[1] 论文、案例、反思、研究报告等成果的特点是有新知识的产生，揭示一种新规律，其成果往往具有创新性和实效性，对于微观问题的解决更具意义。因此，要将这些成果进行推广应用。

结合笔者多年的课题评审经验，以及多位评审专家的心得，本书整理要点如下。

一要"目中有人"，我们研究的对象到底是学生还是教师，是哪个学段的学生

1　叶澜:《教育研究及方法》，北京，中国科学技术出版社，1990。

或教师，是何种类型的学生（不同性别、地域或社经背景差异）或教师（不同地域、性别、教龄等差异）。

二要立足教师专业发展，满足学生成长、高质量教育的真实需要。

三要"题中有法"，验证自己的教育教学思想主张。教师的教育教学研究要寻找促进师生素养发展的良方，这种良方是否能对师生发展起到减负增效的作用，需要借助科学的观察、调查和实验来发现事实和验证效果，不能道听途说，主观臆测。

此三点，归结起来就是，在题目的表述中要明确研究谁的问题、何种问题和通过何种科学方法来回答问题。即通过事实和价值判断来明确研究对象、研究内容和研究方法，找到教育教学实践中的有价值和新颖的问题。

（二）精准定题：全方位环顾的"三看"法

1. "上下"看——与自我对话

所谓"上下"，指向教师自己，即要求教师回顾自己多年的教学工作经验，以此为基础，展望未来，进行科研选题。

（1）根植以往的教育实践。

"上看"主要是指与自我对话，看看自己在哪些领域有积淀、有独到的见解、思考以及典型经验。对教育实践进行追问。对经验进行复盘，是选题的最基本来源。在复盘过程中发现问题、凝练问题，刨根问底、逐本溯源，形成新选题。如果教师能敏锐地捕捉到教学情境中的各种现象，在习以为常的教学现场发现不寻常的因素，就可以找到许多值得研究的问题。建议教师及时罗列问题清单、列举关键词，提炼架构。基于过往经验寻找教学困惑背后的真实问题，这样就相对容易发现值得探索的问题。

（2）探索未来的教育方向。

所谓"下看"，是指定位于未来的自我，从未来的职业规划、学科教学、立德育人的构想中寻找选题。此外，要想在教学实践中提炼选题，就需要对教学活动进行反思，这个过程也可以称为"回味"。"回味"要求教师具备主动研究的意识，选题的出炉也就是长期"回味"的结果。

在教书育人的过程中积累的丰富经验，就是"回味"的素材。琢磨时间长了，自然也就会萌发教学之"道"。除了"回味"，还要"畅想"，畅想未来的研究主题。用研究创生未来，也就是成为"研究型"教师，选题也就顺其自然地生成了。

总而言之，教师做研究是一个既立足实践又超越实践的过程。在教学实践中，总会碰到困惑，也会积累成功的经验。对困惑展开追问，试图发现产生困惑的原因，寻求解决问题的办法；对教学实践中形成的经验及时进行总结，探寻成功背后的规律性经验，这些都是教师做研究的基本立足点。

2."左右"看——看同行同事

所谓"左右"，指向周围的同事，即要求教师珍惜实践机会，重视和同事交流，对话生题。适当借助外来力量，积极主动对话理论专家、教育同行，从不同的视角审视日常的教学现象和问题，使教师的思想得到启发，思维趋于活跃，许多科研选题也就生成打磨出来了。

（1）与理论研究者创建对话。

教育理论研究者能够为实践工作者提供深度的专业支持，这主要源自两方面因素：从专业研究人员的优势来看，专业研究人员有较扎实的理论基础，具有较敏锐的问题感知能力，善于理论解释与政策解读、运用容易从实践中发现值得研究的问题；主动与理论研究者对话，促进理论与实践的深度融合。例如，某校意向申报劳动教育课程建设相关课题，其选题的研磨过程如表2-2所示。

表2-2　某校申报劳动教育课程建设选题表

学校初步想法	最终申报选题方案
1. 基于"家、校、社"共育开发小学劳动教育课程的实践研究	1. 家校协同下小学生生活劳动课程资源开发与教学实践途径创新研究
2. 整合校内外劳动教育资源开发小学劳动课程的实践研究	2. 家校—社区支持下小学生跨学科劳动体验课程开发与实践案例研究
3. 基于三级课程视角下的小学劳动教育课程开发研究	3. 家校协同培育小学生劳动习惯与能力的校本实践研究
	4. 跨学科视域下小学生劳动课程资源开发与实践育人研究

如上表所示，学校初步想法中的三个选题的主要问题在于：第一，毫无例外都将切入点放在"小学劳动教育课程"上，而"小学劳动教育课程"是一个大概念，内容丰富，可研究的层面太多；第二，"家、校、社"以及校内外的概念也稍有宽泛，在以往的课题中研究得较多。可见这三个选题存在一定的不足，有改进空间。申报人在与理论专家面对面的研讨交流中，共同进行如下完善。

首先，对"劳动教育"这一概念的相关政策进行梳理。2018年教师节，习近平总书记在全国教育大会上做了重要讲话，明确强调"要在学生中弘扬劳动精神，教育要引导学生崇尚劳动、尊重劳动"。劳动教育重新纳入教育方针，再现"五育并举格局"。2018年9月，习近平总书记在全国教育大会上明确提出把劳动教育纳入社会主义建设者和接班人的总体要求之中，加强劳动教育重新成为国家教育方针。新时代的劳动教育如何开展是研究热点。2019年11月，中央深改委通过《关于全面加强新时代大中小学劳动教育的意见》，其中提到，劳动教育是中国特色社会主义教育制度的重要内容。要全面贯彻党的教育方针，坚持立德树人，把劳动教育纳入人才培养全过程，贯彻大中小各学段，贯彻家庭、学校、社会各方面。

其次，界定了"新劳动教育"的概念：新劳动教育实质上是从新时代立德树人的视角对劳动教育进行新的解释和架构，是立足于人的全面自由发展的教育形态。

再次，指导教师对学术期刊网上近三年关于劳动教育的相关研究文献进行搜索和分析：共下载49篇文献，分为重点参考和一般借鉴。其中，重点学习和参照了北京市教委劳动实施教育顶层设计和核心专家、北京师范大学檀传宝教授的文献。

最后，总结出教师在选题时应该将"劳动教育课程"这一领域话题尽量聚焦至"生活劳动课程资源""跨学科劳动体验课程""劳动习惯与能力"等。同时将校内外的范围尽量聚焦，或者根据最新政策热点创新表达方式："家校—社区支持""家校协同"等。

由此可见，经过专家指导后，选题更具校本个性和专业度。这也体现出一线教师和理论研究人员对于研究契机的把握和问题识别的敏感度方面的差异。同样的研究内容，理论与实践的思维语境是不同的。

（2）与同事交流互动。

除了与理论研究者创建对话语境外，在与周围同事的自由对话、深度交流中，往往也可以找到有价值的问题以及有启发性的观点。由于教师个人面临的教育情境有较大的差异，同行之间的见解、思维方式、知识背景也不相同，导致对同一问题的观点多有不一致。例如，一个教研组内有多名教师，每位教师都有其擅长的方向和领域，在具体教学实践中也有特长之处：有些教师在师生关系的维持方面有亲和力和感染力；有些教师在教学设计的模式方面有独到的见解；有些教师在大数据支持教学方面具有绝对优势；有些教师在学科的评价标准方面有丰富的经验。如果善于倾听、大胆追问、敢于发现、寻找合作，就很容易找到有价值的研究课题。

值得注意的是，教师在科研选题中，既要对话、要交流，也要彼此保持专业距离感，也就是注意保持研究的相对独立性，促进真正的"合作研究"。

（三）"前后"看——看立项选题、政策和文献

所谓"前后看"，指向立项选题、相关政策和已有文献，即要求教师熟悉最近三年出台的教育政策，并能够从近几年立项的选题和文献综述中找到创新点。

1. 从立项选题和相关政策中研判选题趋势

中小学教师长期以来在选题申报中的薄弱项就是选题缘由的界定和政策背景的梳理，究其原因，就是不善于琢磨已经被立项的选题和国家出台的政策的优势。例如，因为 2021 年出台"双减"政策，2022 年科研课题选题热点聚焦"双减"专题探索，基于作业设计、减负提质、课后服务、学科回应等领域；2022 年 3 月，义务教育新课标正式颁布，2023 年，选题热点集中回应新课标新要求，关键词词频集中在核心素养、课程结构调整、跨学科学习等方面。2023 年 5 月，随着世界数字大会召开，教育部等十八部门联合出台《关于加强新时代中小学科学教育工作的意见》《关于实施新时代基础教育扩优提质行动计划的意见》，提及加强科学教育、拔尖创新人才培养探索，2024 年，关于人工智能、科学教育、拔尖创新人才培养模式、课程建设、早期识别、培养体系成为研究热点。

2. 从对文献的阅读、分析和质疑中定位选题

想让研究超越实践，超越简单的经验总结，还需要广泛占有资料，清楚地了解在即将研究的领域里，"前人"做了什么，"他人"做了什么，"我们"还可以做什么。充分的文献阅读，有助于教师找到研究的主题；对经验的再加工，有助于发现有价值的选题。文献阅读、教育调查、经验升华和学术交往四种路径相互影响，都能引发系统的思考，使原本模糊的问题逐渐清晰化。[1]

阅读文献，是站在巨人的肩膀上前行。教育问题具有研究积淀，阅读相关学术文献可以为解决现实问题提供借鉴。充分分析文献，就可以使得研究问题更加清晰，让研究更加深入。借鉴什么样的文献，可以凝练出有价值的选题？最好的方法是：围绕着关键词检索文献，寻找切入点，注意文献的借鉴顺序，要以那些被引用次数较多的文献以及权威的核心文献为先。具体方法在文献述评章节会详细讲解，在此不予赘述。

质疑文献。如果能采取评判的态度，敢于发现已有文献的研究薄弱之处，并结合个人实践经验，提出有效的解决途径，就会使自己的研究课题富有创造性。

找到题目论证后，可以做问卷调查，使问题聚焦，区别出问题的层次，凸显问题的关键特征，最终使困惑背后的问题浮出水面。

选题关切度的原则为：扬长而为，择优而做。也就是说，选题关注要素包括自身的研究兴趣、能力，愿意为之投入，是自己喜欢的选题。并且，这个选题值得投入，具有一定的理论价值和实践意义。

选题清单自判断如下。

1 李臣之：《教师做科研——过程、方法与保障》，深圳，海天出版社，2010。

·符合个人兴趣，选题新颖、有趣，是你长时间关注的、期待获得创新性突破的对象。

·重要且对立德树人、教育教学有积极影响。

·可行，时间投入可掌控、难度系数可接受、经费支持有保障。

总而言之，选题是一个过程，即选择、确定所要研究的关键问题的经历。它包括两个方面的含义：一是确定教育研究的方向，二是选择进行研究的问题。要善于从观察中提出问题，善于把实际问题加工为课题选题。

第三节　打磨出来的好选题

若要好的选题脱颖而出，还需要从多个角度加以研磨，最重要的是确定与选题相适应的、具有研究价值的课题名称，还需要确定课题中的核心关键词来锁定研究中的观察变量，也需要在研究的全过程中不断反省、审视。

一、依据指南定好位

选题成功立项的前提，在于申报人是否依据当年的课题指南定好方向，把握课题指南方向如同大海行舟时掌好舵，才能不迷航。这就要求选题方向精准、正确。

（一）选题指南的性质

以《北京市教育科学"十四五"规划 2024 年度课题指南》为例，它是为深入学习贯彻党的二十大精神和习近平总书记关于教育的重要论述，贯彻落实全国和全市教育大会精神，进一步提升首都教育现代化水平，促进首都教育科研事业繁荣发展，按照《教育部关于加强新时代教育科学研究工作的意见》的要求，结合首都教育发展与改革的重大战略需求制定的。显而易见，课题指南具有"官方性"和"权威性"，课题指南是本年度科研选题"方向性"指引，指南标准具有科学性、实效性、前沿性、创新性。

（二）如何参照课题指南确定选题

以正确的方式参照课题指南进行选题是成功立项的关键。

1. 课题指南的参照误区与更正

中小学教师在选题时往往忽视从政策中找亮点，容易陷入仅从学科性找选题的误区。例如，数学教师习惯用数字和数据进行选题，语文教师习惯用古典名著进行选题，班主任在选题时没有体现德育专业化。事实上，新时代的德育研究和思想政治队伍建设是近几年重要的研究主题，学科教师可以从"课程思政"的角度看懂政策、解读政策，从而从政策和学科的融合中整合选题。

此外，课题指南一般体现了教育发展和研究中的热点、重难点和关注点，代表教育理论的发展方向，有重要的指导意义。课题指南是一个方向性的框架，教师可以根据实际情况和自己的研究兴趣，将研究范围确定在课题指南的相关领域，同时将题目具体化，以提高课题研究的针对性和实效性。

从"十三五"历年的课题指南中可以看出，哪些教育问题是近年来比较突出的和两年间重点强调的。如《中国教育经验的国际话语体系研究》这一课题方向，教师可以联系习近平总书记在全国教育大会上"要坚持扎根中国大地办教育"的讲话精神，再对应到教育实践中遇到的这一类教育现象和困惑，就很容易生成有研究价值的课题。

衡量理论升华后的"问题"，对标转化为课题选题；从值得关注到确定申报选题，进一步对标聚焦，缩小问题范围，将宽泛的问题明确化、一般问题特定化。在此基础上，界定与问题相关的关键概念，通过恰当的方式表述出来，确定为研究课题。简言之，围绕课题指南选题，指南只是方向，要根据指南再聚焦加工创生选题，而不能直接把"方向"当成选题。

2. 参照课题指南进行选题的技巧

科研选题要遵循定位—内化—输出的基本流程，遵循"新问题，创新研究；旧问题，创新研究视角；热点问题，历史梳理；问题概念化，提升到课题"的问题提炼逻辑。具体而言，每一个步骤里都有相应的技巧。

（1）问题精准确定。

缩小问题范围对教师而言特别重要，对标聚焦，即将研究问题明确化，指的是通过对研究问题进行某种界定，给予明确的陈述，以将最初头脑中比较含糊的想法变成清楚明确的问题，[1]对问题进行限制，缩小问题的研究边界和内容范围，使得研究对象聚焦于某一个点，这就可以使课题研究更加可行，也使研究更加深入。比如，研究对象的特殊性、研究地域的代表性、学校校本特色、学段的设置、学科的差异性、研究对象的分层。研究手段的细化（手段、途径、方法、策略、模式、机制、体制）；研究方法的精准匹配（不同于已有研究且切合自身目的的方

1　李臣之：《教师做科研——过程、方法与保障》，深圳，海天出版社，2010。

法）；环境、情境设定差异。也可以考虑从关键词、研究对象、落脚点、切入点、研究方法、研究框架、预期成果方面分类细化。这部分问题提炼，精准确定，实质实现了从工作语境到科研语境的迁移。

（2）梳理关键概念。

不同学者对概念界定不同，表述不同，因此有必要对相关概念进行梳理。

首先，从聚焦的问题中提取核心概念，并对概念进行界定，避免概念泛化；其次，用"命题"对相关概念关系进行表述，提出自己的研究假设。通过核心概念的界定、概念之间关系的建立，以及假设的确立，才能搭建课题的基本框架。

（3）课题名称精准表达。

课题名称包括三个部分：研究对象、研究的中心内容和研究方法。具体是指明研究对象、说明研究中心内容、提示研究方法，如图2-4所示。

图2-4　课题名称构成示意

在课题表述中，要注意：第一，避免使用宣传口号，要注意工作语言和宣传语的转化。课题名称一般使用陈述句，表明研究内容、方法和主要观点。

笔者在评审工作中接触到了在标题中使用"大力提倡""积极落实""深度推进"的情况，这类表述不适合作为课题名称，课题名称在表述方面应客观严谨，切忌领导人讲话、宣传标语似的风格。

课题研究只是为了解决、研究某个问题，这个研究是否规范或是否有价值尚待论证，不宜以宣传口号的方式表述。

一般而言，立项课题表达方式，常见的有"***的研究""基于***研究"等。

第二，反映研究的关键词。关键词直接影响课题的设计和实施，它的界定和理解，直接关系到课题的研究立场和追求，也是课题合作者统一概念和认识的重要途径。

二、分析选题趋势

从宏观上把握国内外某一研究领域或专题的总体研究趋势，描述选题的发展趋势，将其作为科研选题的判断依据，是提高选题效率的重要途径。从宏观层面来看，我国"十四五"中小学科研选题呈现以下总体趋势（见表 2-3）。

表 2-3 "十四五"期间中小学立项课题总体趋势

年度	2020 年	2021 年	2022 年	2023 年	2024 年
内容	育人方式优化	核心素养	"双减"政策	"双新"实践	人工智能

具体到某一项课题而言，如何快速获取趋势信息？可以通过生成课题引文报告或分析论文出版年的方式进行。

（一）访问学术期刊网数据库检索课题

访问学术期刊网，如中国知网、万方数据知识服务平台，将选题的关键词输入到网站的检索框中进行查询。下面以"劳动教育"为例，从知网平台上进行搜索。

（1）访问 https://www.cnki.net/，将关键词"劳动教育"输入到搜索框中进行检索，当然，也可以点击高级检索，设置相关条件后进行搜索。

（2）在显示的结果中，可以在分组浏览中设置条件，选择我们需要的范围——基础研究，就检索出了关于"劳动教育"的中外文文献（如图 2-5 所示）。

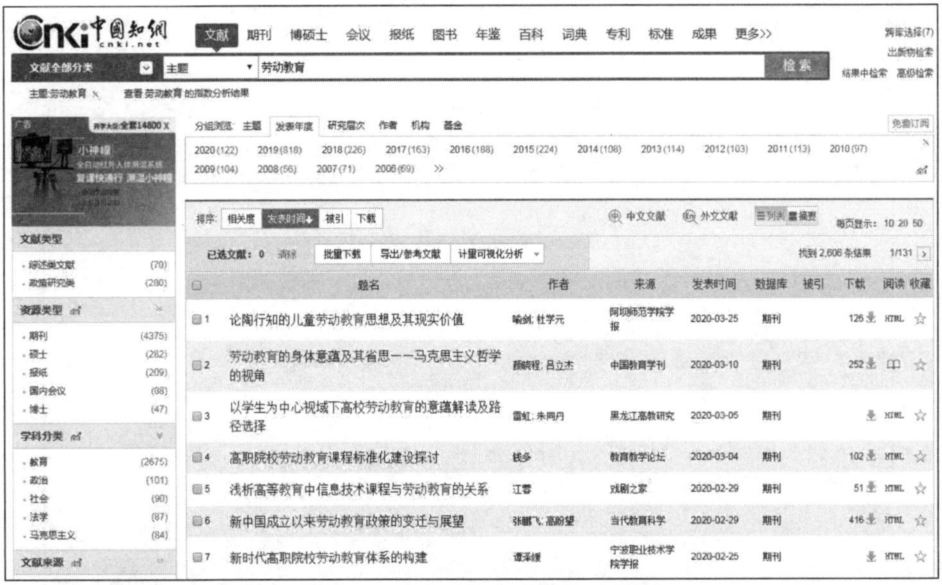

图 2-5 "劳动教育"文献在中国知网的搜索结果

（二）形成可视化分析结果

在检索结果界面上，可以通过计量可视化分析工具，直接生成该课题的总体趋势分析结果。也可以通过分组浏览中不同项目右侧的可视化分析按钮，快速生成单项的分析图表，便于教师快速了解该课题的某一项研究趋势。通过缩小检索范围，观察分析结果，掌握课题趋势。

（1）点击"计量可视化分析"下的"已选文献分析"或"全部检索结果分析"，显示如图2-6所见，这项课题相关文献共计5025篇，2017年后开始呈现急速上升趋势。

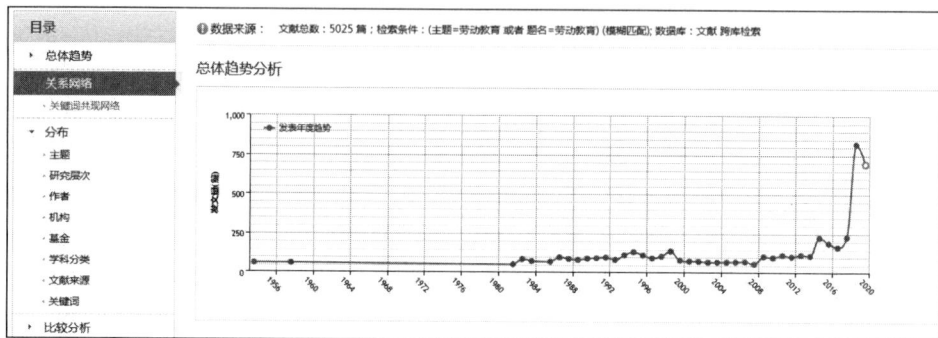

图2-6　可视化分析结果

（2）可以了解该课题的关键词共现网络情况，如图2-7所示，明显可见，"劳动教育"与"素质教育""思想政治教育""新时代"等密切相关。

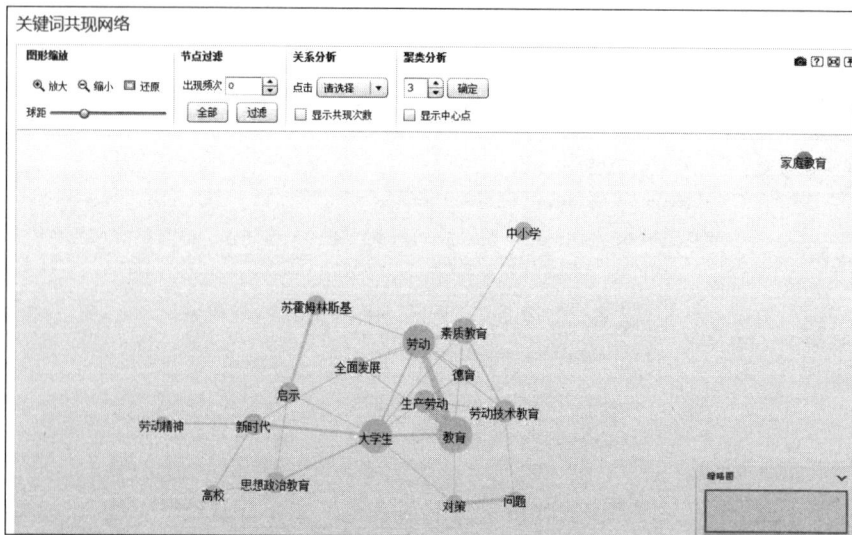

图2-7　关键词共现网络情况

（3）另外，分析结果也展示了"主题分布""研究层次分布""作者分布""机构分布""基金分布""学科分类分布""文献来源分布""关键词分布"的情况。

总之，通过学术期刊网站提供的强大文献分析功能，可以更清晰地了解课题论文每年的发文量，分属于哪些学科，哪些机构或哪些作者是本课题的引领者，收录本课题论文最多的期刊和会议有哪些等详细信息。

三、捕捉选题信息

发现问题的价值要远远大于和优于解决问题。一个课题，如果选题题目本身有问题，那么其他的努力都会付诸东流。建议教师付出至少50%的精力进行选题。国家政策、地方政策、落实方案诸多，相关信息更是错综复杂，如何在千丝万缕的信息中捕捉到适合的选题呢？

依照前文所述，好选题的判断标准要求选题既符合国家政策，又立足学校校本实践问题。结合评审实践，中小学教师在选题时可以把握"有理有据、靠山乘凉、靠谱一致"的基本原则。

1. 有理有据

有理有据之"据"，分为理论依据和政策依据。要想选题具有理论依据，可以先行在学术期刊网上参阅他人的研究成果，加以学习和分析；选题具有政策依据，主要是指梳理和解读相关政策。

例如，前文中提到的劳动教育的选题，教师就应该首先梳理习近平总书记关于"劳动教育"的相关讲话，再研读教育部的落实文件，最后对照北京市的具体实施方案和行动。

2. 靠山乘凉

靠山乘凉，立得住、站得高、望得远。课题选题想要有价值，就要高瞻远瞩。要根据大政策背景和地方政策落实方案，以及相关细化的权威文件，进行选题方向的确定，将研究领域缩小。

3. 靠谱一致

靠谱一致，是指教师的选题切入点既要与理论依据、政策背景相符，也要与选题方向和领域一致，更要与教师的教育实际贴合，不能离开实践空谈。

四、选题来源与判断

（一）选题的来源

由于教育研究的"问题"是研究者在其自身教育、教学实践中发现的某个值得"探究"和"设计"的关键问题，基于此，在确定选题来源时，可以遵循以下路径。

· 抓住典型事例，在反思成败得失背后的原因中确定研究问题。

· 观察日常事件，将事务性的工作问题转化为教育性的研究问题。

· 关注各种争论，从不同观点的对比中确定具有创新价值的研究问题。

· 对照不同选择，从相对差异中确定自己的研究问题。

· 留心众口议论，在关注的焦点、热点、难点中确定研究问题。

· 分析他人经验，从别人的成功理论和实践中确定研究问题。

· 探究问题背后，从似有定论看似正确的观点中确定研究问题。

· 根据自身特点，从自己的业余爱好与教学生活的结合点上确定研究问题。

· 结合相近学科，从学科之间相融之处确定研究问题。

· 分析要素之间的关系，从学校与社会、家庭的契合点上确定研究问题。

（二）选题的判断

为了验证所研究问题的价值与意义，教师往往要进行文献述评分析，在文献述评分析过程中，通过回答下列问题判断选题是否属于高质量选题。

· 该选题是否可行，是否方便获得第一手资料？

· 该选题是否能够获得足够的文献材料及相关数据？

· 与专家、同事深度交流研讨过你的选题吗？

· 凝练后的选题是否具有原创价值？

· 该选题是否建立在前人研究的基础上？

· 该选题是基于未来设想或试图努力描绘未来吗？

第三章
撰写严谨规范的申报书

选题确定后，就需要撰写一份严谨规范的申报书，将自己对选定研究题目的设计论证呈现到评审专家面前，由其评定课题是否有价值，研究是否可行。

课题申报书对于课题申报而言，就像个人简历对于求职过程一样重要。选定的研究课题是否科学？能不能做？好不好做？其他人在这个领域已经取得了哪些研究成果？我们的研究还有创新吗？应该采取怎样的方法和路径去完成这个研究？以我们的能力能不能实现研究目标？这些都是申报书需要回答的问题，能否回答好这些问题，是评审专家评断课题是否有立项价值的关键。

第一节　宏观把握：申报书的基本框架与写作要点

一、申报书的基本框架

　　无论什么级别、什么类型的课题，在发放课题申报通知时，都会附有课题申报书的基本格式，本书以北京市教育科学规划领导小组办公室（以下简称规划办）课题为例，对课题申报书的基本内容框架进行详细介绍。

　　申报书的第一页是封皮，封皮上对研究方向、课题类别、研究领域、课题名称、课题负责人、负责人所在单位和填表日期等基本信息予以呈现。第二页是申请者的承诺和成果使用授权，其中对研究中的权责等进行了详细的规定，申报者需要仔细阅读并获悉其中内容。

　　从申报书第三页开始，分别是课题申报中的数据表、负责人和课题组主要成员近5年取得的与本课题有关的研究成果、负责人和课题组主要成员近5年来承担的研究课题、课题设计论证（总字数限4000字以内）、完成课题的条件和保证（总字数限1500字以内）、预期研究成果、经费预算、推荐人意见、课题负责人所在单位意见、受托管理机构意见共十项内容，每项内容都有较为具体的要求。

　　总的来说，课题申报书的格式是大同小异的，但大体相同中也有细微的差别，所以填报前，首先需要浏览申报书的全貌，对于要写些什么，做到心中有数。

　　一般而言，课题申报书都包含以下主要内容（见表3-1）。

表3-1　课题申报书内容概要

项　　目	主　要　内　容
一、数据表	课题基本信息、负责人基本信息、主要参与者的基本信息等。
二、负责人和课题组主要成员近5年取得的与本课题有关的研究成果 三、负责人和课题组主要成员近5年来承担的研究课题	成果名称、著作者、成果形式、发表刊物或出版单位、发表出版时间； 承担人、课题名称、课题类别、批准时间、批准单位、是否已结题。
四、课题设计论证（总字数限4000字以内）	本课题核心概念的界定，国内外研究现状述评；选题的目的、意义及研究价值；本课题的研究目标、研究内容、研究假设和拟创新点；本课题的研究思路、研究方法、技术路线和实施步骤。

项　　目	主 要 内 容
五、完成课题的条件和保证（总字数限 1500 字以内）	已取得相关研究成果的社会评价（引用、转载、获奖及被采纳情况），主要参考文献（限填 10 项）；课题负责人和主要成员完成本课题的研究能力；完成本课题的时间、资料、设备及研究手段等。
六、预期研究成果	完成时间；成果名称；成果形式；承担人。
七、经费预算	课题经费一般包括资料费、数据采集费、差旅费、会议费、专家咨询费、劳务费、印刷费、管理费等，编制经费预算时要结合课题的整体设计进行科学预算。
八、推荐人意见	不具备博士学位或副高级（含）以上专业技术职称的申请人，须有两名高级专业技术职称的同行专家书面推荐。推荐人须认真负责地介绍课题负责人和参加者的专业水平、科研能力、科研态度和科研条件，并说明该课题取得预期成果的可能性。
九、课题负责人所在单位意见	申报书所填写的内容是否属实；该课题负责人和参加者的政治业务素质是否适合承担本课题的研究工作；本单位能否提供完成本课题所需的时间和条件；本单位是否同意承担本课题的管理任务和信誉保证。
十、受托管理机构意见	对课题负责人所在单位意见的审核意见；是否同意报送北京市教育科学规划领导小组办公室；其他意见。

二、申报书填写注意事项

从以上申报书的内容概要可以看出，需要申报者填写的主要内容包括：封皮、数据表、负责人和课题组主要成员近 5 年取得的与本课题有关的研究成果、负责人和课题组主要成员近 5 年来承担的研究课题、课题设计论证、完成课题的条件和保证、预期研究成果和经费预算。推荐人意见、课题负责人所在单位意见、受托管理机构意见这三项非本人填写。在具体的填写方面，还有以下几方面需要强调。

（一）申报书填写"五步走"

要规范地完成一份课题申报书，可以采用"五步走"策略：一扫，即整体浏览申报书的各部分内容及相关要求；二划，即对申报书各项内容由谁填写、如何填写有初步规划；三写，即按照分工和整体规划完整填写申报书；四检，即在完成初步填写后，对完成的文本进行系统检查，核查是否有不当之处和错误信息需要进一步完善修改；五定，即整体修改定稿，完成提交。

（二）各步需要注意的要点

"五步走"策略中，每一步都有需要格外注意的细节，只有将所有可能出现的失误消灭在源头，才可能形成一份比较规范的申报书。

在"一扫"中，需要结合课题申报指南和通知中的相关要求，明确申报书中哪些内容可以自己完成，哪些内容需要课题组成员或其他成员帮助，需要帮助的部分怎么合理安排等，明确了这些，才能合理规划按照什么节奏完成报告。

比如，按照规划办相关要求，课题负责人不具备博士学位或副高级（含）以上专业技术职称的，需要两位推荐人进行推荐。如果申报人未符合这两个条件中的任何一个，就需要提前联系推荐人，以确保符合申报条件。

再如，北京市规划办要求申报"青年专项课题"的所有参与人员年龄不能大于40周岁，如果想要申报此类课题，就不能考虑超过年龄要求的成员。诸如以上的一些细节信息，在第一遍浏览申报书时，一定要注意并提前做好安排，以免影响后期工作。

在"二划"中，要为项目申请书的撰写工作设定时间表或制定推进策略。可以试着从最后期限往前推，合理得出完成某项具体任务的时限，确保有充裕的时间完成报告。这里需要提醒的是，一份申报书看似文字量不大，却是浓缩的精华，每部分内容都需要研究者认真思考、精雕细琢。因此，预留出充足的时间是非常必要的。对此，有评审专家说道：但凡好的立项，无不是"精雕细琢"，反复研磨的。也有课题管理者反馈，很多课题申报者都是在课题申报平台截止提交、关闭的前一刻，才仓促完成文本，匆匆提交。这样的申请很容易石沉大海。由此可见，准备充分，也是成功立项的重要影响因素。

"三写"是整个工作的核心，要做到精益求精。具体而言，各部分需要注意的事项如下。

"课题数据采集表""课题负责人及主要参加者基本信息"，这是评审专家首先看到的内容，这两项内容除了信息不能有误，还要保证良好的研究基础与队伍。尤其是研究队伍的组成要体现多元性，如学科的多样化、研究领域的多样化、职务的多样化，等等。研究队伍中的每位参与者，都应基于自己的研究专长，最大限度为课题作出贡献，以确保课题的顺利开展。比如《某某学校 STEM 教育开展的实践研究》，STEM 教育的开展需要多学科的融合，此时便要求课题参与人员能体现学科的多样性，以确保课题的高质量开展。

"负责人和课题组主要成员近 5 年取得的与本课题有关的研究成果"和"负责人和课题组主要成员近 5 年来承担的研究课题"这两项内容，主要考察和判断课题负责人及参与者在所申请课题领域的前期积累，以及团队的研究能力和研究经历等，评审人以此来初步判断团队是否具有完成该课题的能力及基础保障。申报人撰写时一定要在这些方面着力，充分彰显团队成员在相关领域的前期积累和团队整体的研究能力与经验。

从整个申报书来看，"课题设计论证"是灵魂，本部分内容一般要求在 4000字左右，包括：本课题核心概念的界定、国内外研究现状述评；选题的目的、意义及研究价值；本课题的研究目标、研究内容、研究假设和拟创新点；本课题的研究思路、研究方法、技术路线和实施步骤等。通过设计论证，评审专家能清晰把握研究者为什么从事某项研究以及打算怎么做，这部分会在下一节详述。

"完成课题的条件和保证"主要包括：已完成相关研究成果的社会评价；主要参考文献；课题负责人和主要成员完成本课题的研究能力；完成本课题的时间、资料、设备及研究手段等。这部分内容主要凸显通过什么软硬件条件来确保课题的按时完成。其中需要注意的是参考文献部分，由于课题申报书篇幅所限，一般要求参考文献控制在 10～15 个，这时就一定要突出参考文献的"精"，尽量查找主干文献、权威专家文献和新近几年的文献，以凸显本领域核心文献的占有量。

"预期成果"部分的撰写体现的是课题申报者对课题未来可能形成的成果的基本预测，申报者对课题所形成的成果能否有较为精准的预期，直接反映了其对本课题设计的精细程度以及前期的积累程度，也在一定程度上反映了研究者的科研素养。一些中小学教师申报课题时，对该部分内容不够重视，导致预期成果的表述不够准确或者干脆缺失该部分内容。具体言之，"预期成果"内容的撰写需要注意以下事项。

第一，研究成果一般包括著作、论文、研究报告、案例集等，在撰写时要尽量涵盖不同类别的成果形式。

第二，区分工作成果和研究成果，比如在教学研究过程中，一份课例、一份教学反思报告等都是工作成果，但如果作为研究成果，则需要进行梳理总结，形成比较系统的案例集。

第三，预期成果要紧密结合研究过程进行预设，脱离了研究过程的成果，既站不住脚也不可能实现，而且容易让评审专家抓住漏洞。因此，成果的预设既不能太高，让人感觉无法实现；又不能过低，让人感觉课题没有产出。

第二节　重点突破：撰写科学的课题设计论证

对于一份课题申报书而言，"课题设计论证"是其中的灵魂。纵然其他部分的内容也不能忽视，但若要争取课题申报的成功与研究工作的顺利开展，还是需要将主要精力放在对课题的设计论证上。也就是用4000字左右的篇幅，向评审专家提交一份关于做什么研究、为什么做这项研究以及要怎么做的完美答卷。正如评审专家谈到的，"要理解课题设计的基本要素，即满足研究逻辑的基本问题：为什么要研究？要研究什么？怎么研究？研究预期结果是什么？"

一、核心概念界定、国内外研究现状述评

（一）核心概念界定

核心概念是一项研究的"定海神针"，只有清晰界定了一项研究的核心概念，知道了研究的核心关注点究竟是什么，才能够开展后续的研究。对于中小学教师而言，其研究课题多数源于教育工作实践中遇到的问题，从实践中的问题，提取出理论层面的核心概念，并运用学术的方式进行表述，这就是核心概念界定的过程。

梳理中小学教师的课题申报书发现，核心概念界定部分普遍存在的问题如下。

第一，缺乏概念界定，未对概念进行学理上的规范表达，只是一笔带过或缺乏概念界定部分的内容。

第二，概念表达不规范，"核心概念界定"是实践话语到学术话语的起点，是教师从"实践工作"到"学术研究"的链接。概念的规范表达要基于已有理论基础和相关研究，运用恰当的学术语言，规范地表达概念的内涵和外延，让读者抓住研究的"题眼"。

第三，概念不能回应研究主题，核心概念的提炼一定紧紧围绕研究主题展开，不能飘忽或离散。

因此，核心概念的界定需要抓住如下几点。

第一，抓住研究课题的题眼，精准提取核心概念。

第二，对概念的界定需要从内涵和外延两个角度思考。

第三，概念不能生造，要基于权威学者和相关文献，突出在本课题中的界定。

接下来我们通过案例对上述要点进行具体运用。

案例3-1：《多维视野下的教育集团学区化办学的研究与实验》

多维视野： ①以"**本真教育**"为核心的**教育价值观维度**（教育本真应该是以关注学生的成长为首要目标，追求教育的真实性与有效性，为学生的发展提供具选择性的适合服务）。②以"**优质均衡**"为导向的**社会公平维度**（教

育是社会公共服务，教育集团的建立是公共政策。将名校资源利用率最大化，促进区域内教育均衡优质发展，是提供均等机会，追求社会公平的有效途径，也是名校社会责任的辐射）。③以"协同增益"为原则的**系统优化维度**（系统内单位相互优化组合，并以其所具有的优势产生出正效应，弥补其他单位劣势产生的一些负效应，从而极大地增强整个系统内的正效应）。④在以上基础上，集团类不同类型学校与核心校形成不同方式的**"多样运行管理机制"**。

教育集团及集团化办学：是指在名校牵头组织下，依据共同的办学理念和章程组建学校共同体，在学校规划、日常管理、课程建设、教师发展与设施使用等方面实现共享、互通、合作、共生，进而实现共同体内优质教育资源品牌的辐射推广与合成再造。

学区化办学：是指因地制宜地按照地理位置相对就近原则，教育集团内部学校统筹协同、资源整合；推动教育集团内学校之间骨干教师的柔性流动，设施设备和运动场地等教育教学资源有序分享；全面提升学区内教学管理、教师研训、学生活动、课堂改进、质量考核等工作水平，从而缩小差距，让同一学区里"不一样的学校个个精彩"。

评析

该课题的核心概念界定的优点是紧密围绕研究课题，将课题中三个关键词"多维视野""教育集团化办学""学区化办学"提炼出来，并按照概念界定的表达要求进行了规范化的表达，明确了研究的视域，对研究的设计与实施起到了很好的引领作用。但也存在两点不足：第一，概念界定过程中没有对已有的概念进行回应，直接进行了本课题的表达，会让读者感觉理论基础稍稍欠缺；第二，"多维视野"概念界定中直接从外延上表述了三个方面，但未对"多维视野"进行内涵的表述。

----------- **案例3-2**：《家国情怀在高中历史教育中落实路径的实践研究》

家国情怀：核心内容是"从历史的角度认识中国的国情，形成对祖国的认同感和正确的国家观、对中华民族的认同感和正确的民族观；了解并认同中华优秀传统文化、革命文化、社会主义先进文化，认识中华文明的历史价值和现实意义；树立中国特色社会主义道路自信、理论自信、制度自信和文化自信"[1]。家国情怀是以民族国家认同为首的"五个认同"，是关系到学生价

1　中华人民共和国教育部《普通高中历史课程标准（2017年版）》。

值观形成的重大问题。

国家认同：国家认同是当今世界各国共同关注的重大问题。塞缪尔·亨廷顿等学者指出，美国等北美国家的国家认同不同程度受到多元文化的冲击。[1]Jenkins, Brian 等学者认为，欧洲国家存在国家认同困境的问题。[2]赵亚夫教授通过对日本相关著作的研究，在其《日本新订世界历史学习指导要领的基本特征》里提出日本有强化国家主义之嫌。鉴于国家认同已成为"一种潜在政治力量"[3]，"历史教育塑造国民的历史记忆，深度影响国民对自己'属于哪个国家以及这个国家究竟是怎样的国家'的认识，世界各国为了国家利益和国际竞争，不约而同选择了对历史教育的干预，都在强化国家认同教育"。[4]

评析

该课题中核心概念界定的优点是：第一，紧紧围绕本课题中的题眼"家国情怀"，精准提炼出"家国情怀"和"国家认同"两个核心概念，抓住了研究的题眼；第二，充分吸收已有研究、专家观点、相关政策文本中对本研究核心概念的界定，理论基础扎实。但也存在一定的缺点，主要体现为在已有概念的基础上，未进行比较好的基于课题本身的表述，在吸收已有观点的基础上，本课题对概念的内涵和外延是如何确定的？需要在文本中进行表达。

（二）国内外文献述评

课题申报书中，国内外文献述评的主要目的是引导申报者梳理本领域已有的相关研究，理出研究的主要脉络，发现以往研究中存在的不足和可以继续深入研究之处，从而引出自己研究的逻辑起点及研究意义。文献述评不是材料的简单罗列，而是对阅读和收集的材料，加以归纳、总结，作出评论和估价，并由提供的文献资料引出重要结论。具体而言，国内外文献梳理主要解决以下问题：基于本研究关注的问题，看哪些已经做过了，哪些还没有做？对于特定现象或特定问题，已有研究有哪些解释？已有研究是如何开展的，如研究假设中包含哪些关系？已有研究如何选取变量进行测量？用了哪些数据？这些数据来自何处？如何通过

1　［美］塞缪尔·亨廷顿：《谁是美国人？美国国民特性面临的挑战》，北京，新华出版社，2010。

2　Jenkins, Brian. Sofos, Spyros A.*Nation and Identity in Contemporary Europe.*1996.

3　［美］莱恩·布鲁纳著：《记忆的战略：国家认同建构中的修辞维度》，蓝胤淇，译，北京，商务印书馆，2016。

4　张汉林：《国家认同：历史教育的基本诉求》，载《光明日报》，2017年04月20日，11版。

研究得出结论？等等。总之，我们可以通过梳理相关文献找到别人尚未研究的空白，为自己的研究找到空间，同时也可以从已有研究中汲取到值得学习的策略与方法。

目前中小学教师的课题申报书中，国内外文献述评主要存在的问题如下。

第一，综述内容不聚焦，方向主题模糊，综述内容大而空，与研究主题不搭；第二，综述的文字表达上，主要是罗列文献及相关观点，简单堆砌，有述而无评；第三，文献综述并未很好地与自己的研究课题相链接，似乎是为了综述而综述，未能为新选题提供参考、借鉴与启发，未能为新研究奠定基础。

针对这些问题，笔者对评审专家进行了访谈。专家谈到的中小学教师文献学习的不足主要表现在"缺乏对国内外同行先进教育教学理念和措施的学习。缺乏对专业研究文献的学习，或者对文献的学习不能提炼出培养措施和效果，或者不能指出其结论和证据存在的问题，最终不能登高望远，通过学习来取得进步"。这也是导致不能完成高质量文献综述的原因。

一篇好的综述，会有以下特点：设计上有着力点，材料上有国内外，有理论有实践。具体做法上：大处着眼国内外，小处着手关键词，精准脉络要理清，权威代表不忘记，趋势判断要审慎。

其中，脉络指此课题是谁第一位研究的，取得的成果是什么，后续发展分为几个阶段或几个类型等；对于脉络的梳理要基于比较权威的研究以及比较正式、有代表性的文件；基于前期研究的判断要和自己的研究相关联，说明哪些是本研究接受、能够成为研究依据和基础的，哪些是有异议，还需要本研究补充、完善、发展的。

总的来说，写好文献综述要注意以下几点。

第一，文献综述不应是对已有文献的堆砌和一般性的介绍，而应是对以往研究的优点、不足和贡献进行批评性的分析与评论，同时要梳理出本研究领域的研究脉络。

第二，综述要文字简洁，尽量避免大量引用原文，要用自己的语言把作者的观点说清楚，要从原始文献中得到一般性结论，"综"即指概括。

第三，综述不是资料库，要紧紧围绕研究问题，确保所述的已有研究成果与本课题研究直接相关，其内容是围绕研究问题紧密组织在一起，即不能什么都综，而是要围绕主题展开综述。

第四，参考文献的查找一定是来自权威的期刊或数字资源，不能通过大众检索系统简单查找，即所综述的"文献"要是真正的研究文献。

我们通过下面两个案例具体分析文献综述的写作要点。

·········· **案例 3-3:《家国情怀在高中历史教育中落实路径的实践研究》文献述评**

随着社会主义核心价值观以及"五个认同"的提出,我国学界对家国情怀的研究增多,2016 年之前,中国知网的论文搜索结果显示,以家国情怀为主题的论文只有 326 篇,主要侧重于对历史人物和当代模范人物的家国情怀研究。2016 年 8 月高中历史课程标准公布,家国情怀成为历史学科五大核心素养之一之后,我国学者对于家国情怀进行研究的数量和研究范围在增多和扩大,中国知网的搜索结果显示,2016 年底至 2019 年 3 月研究家国情怀的文章增加了 726 条,涉及的领域有中国文学、高等教育、思想政治教育、中学德育等,其中文学领域最多,有 41 篇论文,此外知识分子 32 篇,社会主义核心价值观 18 篇,学科核心素养 29 篇,历史课堂 9 篇,高中历史教学 25 篇。从数量看,尽管对家国情怀研究的总量在增大,但是对高中历史教学中的家国情怀问题的研究所占比例偏小。从内容看,这些研究中有一线老师从一道题、一个具体的教学设计、一次乡土史教学等微观入手,总结落实家国情怀的教学实践:如《让家国情怀的涵养在乡土历史教学中"落地"——以东风汽车公司的变迁史为例》《中学历史课堂教学立意与家国情怀涵养探析——以〈伟大的抗日战争〉为例》;也有从宏观上谈在高中历史教学中落实家国情怀的意义、途径的,如《家国情怀融入历史教学的意义与途径研究》《丰富历史教学手段 唤醒学生"家国情怀"——高中历史教学中学生家国情怀培养探究》等;还有从大数据的角度来进行研究的,如《利用大数据推动对学生家国情怀的培养》等。

但总的说来,这些研究要么过于宽泛,要么过于微观,没有将整个高中历史教育的课程体系作为一个整体来考虑,系统地梳理和总结如何分别在必修课、选修课、课外活动等不同的课型和学习平台,分别用哪些资源、哪些途径来落实家国情怀的培育。此外,相当多的研究,没有将家国情怀与中国古代的"家国同构"区分开来,狭义地将培养学生的家国情怀局限于培养学生对优秀传统文化的热爱、对于家乡故土的热爱,而对于帮助学生认同社会主义核心价值观,认同走中国特色社会主义道路是历史的必然,树立中国特色社会主义道路自信、理论自信、制度自信和文化自信,所做的研究和总结还很不够。

评析

作者详述了相关领域文献的数量以及部分论文的名称，罗列的痕迹明显，在有限的篇幅内如此架构文章内容，显然不够合适。作者试图对已有文献进行评析，但得出的"要么过于宽泛""要么过于微观"等观点的依据不够充分，仅从其前文中列举的部分论文题目，并不能很好地回应其结论。文献述评的最后，作者并未很好地回应以往的研究如何为本课题的研究提供了空间，因此，该申报书中的"文献述评"部分内容，还有较大的可修改空间。

因此建议：

第一，综述不要罗列文献数量，没有参考意义，要围绕着关键词和核心观念、综述研究观点和学术发展脉络；第二，罗列的文献名称要压缩，要选择有代表性，发现识别有影响力的研究文献，并提炼出其中能服务于本研究的关键内容点。

二、选题的目的、意义及研究价值

研究要有结构意识，对意义、目标、内容要加以区分，突出重点。研究目的、意义和研究价值，回答的是为什么开展研究以及开展该研究有什么用的问题。

研究目的一般是指研究中广泛的、科学意义深远的方面，有时候接近于意义，但目的的表述，一般更为综合和上位。

研究意义和价值通常是论述通过本研究，对理论与实践产生了什么深远的影响。对学术、对当今提高教育质量有什么指导意义，对现实生活中的问题有什么参考意义和价值，对政策咨询有什么借鉴意义等。

好的、给人印象深刻的目的、意义与价值的陈述，会激发评审专家对项目申请书的阅读欲望，也会激发专家对申请书进行深入的研究和更为全面的评价。研究的具体目标和研究假设都是基于研究的总体目的和意义，如果这部分内容没写好，后面的内容可能会受到影响。

中小学教师撰写课题申报书时，常见问题主要集中在以下几方面。

第一，不明白研究目的、意义和研究价值究竟是什么，具体要朝什么方向写，要表达什么内容，对此没有清晰的认知。

第二，未对自己所选择的课题进行深入挖掘和深刻剖析，不明确做本研究是为了达到什么目的，做本研究对理论发展和实践工作有什么借鉴意义和实践价值。

第三，表述的落脚点上，经常模糊工作与研究，在表述中将落脚点聚焦在实践工作的目的、意义和价值上，而未聚焦到研究。

针对上述问题，评审专家也提及，中小学教师课题申报书中经常"混淆研究目的和工作目的。日常工作的目的是提高教育教学效果，教育科学研究的目的是揭示某种教育教学因果之间的关系。前者的目的在于求善，后者的目的在于求真。教师教育教学研究的目的在于揭示教育教学的规律，使教师从繁重的教育教学工作中解放出来，避免重复无效劳动"。

我们通过下面的案例予以分析说明。

案例3-4：《传统文化在学校教育中传播的方法与途径研究》研究目的

> **研究目的：**本选题努力落实习近平总书记的重要讲话精神，立足于学生的健康成长，遵循教育教学规律以及学生的认知规律，系统开发传统文化教育分级教材内容与标准，改革教学手段与方法，探索多渠道的传播途径，全面建设中华优秀传统文化传承体系，切实把弘扬中华优秀传统文化教育落细落小、落地落实。

评析

该课题申报中对"研究目的"的挖掘："努力落实习近平总书记的重要讲话精神"。在此背景下，研究传统文化在学校传播的方法与途径。提出基于"立足于学生的健康成长，遵循教育教学规律以及学生的认知规律"的基本原则，通过"开发分级教材内容与标准""变革教学手段""探索多元途径"等具体的策略，最终实现"全面建设中华优秀传统文化传承体系，切实把弘扬中华优秀传统文化教育落细落小、落地落实"的目的，这种表达方式非常有力，清晰明了地让读者捕捉到本研究的立足点和研究要达到的目的。

好的研究意义与价值的表述中，要站在前面文献综述的基础上，思考本研究在理论上有哪些推动和创新，在实践上又有哪些指导和启示等，对未来的理论研究和实践改进能发挥什么作用。

案例3-5：《基于核心素养的教学设计研究》研究意义与研究价值

> **选题意义与研究价值：**（1）对教师的课堂教学设计具有指导意义，促进教师的专业发展。本研究以"实践取向"的态度分析教学设计的价值取向，基于核心素养探讨促进学生发展的教学设计总体思路与实施策略，有助于提升教师教学设计水平，促进教师专业发展；（2）将价值研究融入教学设计，充实了教学理论。关于教学设计的研究，主要在教育技术、教学理论基础上

探讨，缺乏价值范畴的分析。因此，融入价值研究的教学设计变革，丰富了教学设计的研究内容。

评析

本研究的聚焦点是"核心素养引领下的教学设计"这一主题，从以上关于选题意义和研究价值的表述中，可以看出，课题研究者希望"基于核心素养探讨促进学生发展的教学设计总体思路与实施策略"，在实践层面上，其主要的价值和意义在于"提升教师教学设计水平，促进教师专业发展"；从理论层面上，本研究的特点是"将价值研究融入教学设计，充实了教学理论"，因为本研究是基于"核心素养"的价值取向来研究教学设计的思路与实施策略，而这超越了以往主要关注教育技术、教学理论的探讨，实现了理论层面的补充和突破，具有一定的理论意义。

三、研究目标、研究内容、研究假设和拟创新点

本部分论述课题具体要做些什么，具体要实现哪些目标，验证哪些猜想和假设，最终实现何种创新。

（一）研究目标

研究目标是课题研究预期要达到的结果。明确的研究目标，对课题研究具有定向作用和指导作用。研究目标是对研究目的的拆解，是具体要实现的一个个小目标，一个个小目标的实现，最终助推了研究目的的最终实现。一般而言，一项研究包括两到三个具体目标，每个具体的目标都是对研究关键词的解构和回应。

教师在写作研究目标时，通常存在以下问题。

第一，目标的表述不能围绕研究主题、核心概念和研究问题展开，不能很好地回应研究问题，有部分教师还将工作目标当作研究目标来表述。

第二，目标表述的用语含糊不清，工作术语多，不能紧扣研究的核心概念，没有用学术语言清晰表述研究想要追求的结果。

第三，目标的表述缺乏层次性和条理性，表述松散、混乱。

第四，目标的数量和难度超出了研究可实现的程度。

课题研究目标的描述要求是具体、清晰、有条理、适度。

第一，目标要具体，即针对具体要解决的问题描述目标。

第二，目标要清晰，就是用恰当的语言把研究目标准确地表达出来，不能用语含糊，意思不清。

第三，目标要有条理，就是条分缕析地呈现目标，体现出目标的层次性，条理性。有些比较大的课题还有许多子课题，大课题的目标与子课题的目标都要列出来，这时就更需要体现整体目标与子目标之间的层次关系与条理性，由此构成目标系统。

第四，目标要适度，就是目标不能定得太高，也不能定得太低，不宜写得太多，宜简洁明了，直接揭示课题所追求的结果。

我们通过下面的案例进行分析说明。

案例3-6：《校本课程实施促进学生关键能力发展的评价指标体系研究》研究目标

研究目标：

（1）明确"飞天"校本课程中学生关键能力的内涵。

（2）分析"飞天"校本课程实施过程中学生关键能力的主要行为表现。

（3）构建以"飞天"校本课程为依托，基于学生关键能力培养，符合学生发展的评价体系指标。

评析

该课题中的研究目标表述，紧紧聚焦到研究课题，从研究课题中的三个关键词"校本课程""学生关键能力"和"评价体系指标"出发，三个目标分别指向这三个关键词，简单明晰地表达了本研究所要达成的结果是明确"飞天"校本课程中学生关键能力内涵、行为表现，并基于此构建评价指标体系，目标的表述较好地符合了研究目标要具体、清晰、有条理、适度的标准。

（二）研究内容

研究内容主要回答该课题主要包括哪几个部分，回应哪些问题。研究内容与研究目标是对应的，为了实现某些目标，需要做哪些研究。相对研究目标来说，研究内容要更具体、明确，每个研究内容都是实现目标需要解决的一方面问题。当然，一个目标也有可能要通过几方面的研究内容来实现。

教师撰写研究内容时，容易出现的问题有以下几点。

第一，研究内容与研究主题不契合、不扣题。

第二，不能区分研究内容与研究目标的主要区别，错把研究目标当作研究内容，有的教师甚至将研究目的、意义等作为研究内容，描述笼统，让评审者很难捕捉到有效信息。

第三，对研究内容进行表述时，只是简单地罗列条目，未对具体研究内容详加描述，评审者不一定能够准确地把握具体的研究内容。

第四，鸿篇巨制，有意扩大研究的内容与范围。

因此，结合评审实践，笔者认为在确定研究内容时要做到以下几点。

第一，紧扣研究主题，结合研究目标，依据课题想要达到的成果，一步步分解，明晰课题具体要开展哪些研究。

第二，内容表述上，既不能过于简单，让读者无法把握具体内容，又不能过于烦琐，让读者无法抓住重点，内容篇幅适当。

第三，不能刻意夸大其词，扩大研究的内容和范围；而要实事求是，按照课题目标的需要，编制研究内容。

我们结合下面的案例进行分析。

案例 3-7:《以提升学生"创新迁移"能力为路径在初中政治教学中传承传统文化的实践研究》研究内容

研究内容:

（1）确定传承传统文化在政治学科教学中的目标和价值，更新教学理念，确定其与学科教学内容的连接点。

（2）以学生"创新迁移"能力提升为路径，进行教学实践，探究在学科教学中传承传统文化的教学模式、策略和方法。

（3）在教学实践中开发基于学生"创新迁移"能力提升的传承传统文化的教学案例。

（4）设计以提升学科能力为路径，在学科教学中传承传统文化的教学评价体系（评价策略、评价方法，评价量表或问卷）。

评析

研究内容紧扣主题中的"学生'创新迁移'能力""初中政治教学""传承传统文化"等几个关键词，厘清了实现本研究的研究目的，需要从"确定内容连接点""教学模式、方法、策略""典型教学案例""评价体系"等方面着手，逐一分解，环环相扣，重点突出，语言比较精准，很好地服务于研究目标，是较好的研究内容的表述方式。

（三）研究假设

研究假设是研究者在选定课题后，根据事实和已有资料对研究课题设想出的一种或几种可能的答案、结论，是对课题涉及的主要变量之间的相互关系的设想，通常表现为两个或者多个变量的关系，是对研究结果的预测，同时具有可检验性，研究的过程实际就是对假设的检验和修正。提出研究假设的原则包括以下几点。

第一，假设应以叙述的方式加以说明，具有倾向性，可以是肯定式或否定式，明确表示两个变量之间有或者没有关系。

第二，假设应该说明两个或以上变量的关系，但在每一个假设中，只陈述两个变量之间的关系。如果想说明两个以上变量之间的关系，可以用一组（几个）假设。

第三，假设有待检验，并必须可以检验，必须具有操作性和可观察性。

我们还是通过下面的案例进行分析说明。

-------------- 案例3-8:《大数据在提高学校教育质量方面的应用研究》研究假设

研究假设：

（1）如果教师转变观念、消除对大数据的误解，会对学校教育教学质量的提高产生积极的影响。

（2）如果学校的教育管理者和教师可以掌握适用的、合理的大数据，可以通过日常的教育教学收集海量的数据形成大数据，为教育决策提供支持，也可为改变传统的课堂教学和学习方式、提高学校教育质量提供更为科学的可能，并使之提炼成可复制的经验模式。

（3）大数据在提高学校教育质量方面的应用如果推广开来，可以为学生提供个性化的学习环境和自适应的学习系统，也为教育评价的改革提供更多可能。

评析

该课题中两个核心关键词为"大数据"和"学校教育质量"，也是研究中的两个基本变量，研究假设的表述抓住了两个变量的关系，肯定地表述了两者之间存在的正向相关关系，而且这种关系是在研究过程中通过数据的采集和分析加以验证的。教育研究中，很多时候研究假设不像自然科学研究那么明显，是隐含的，需要去挖掘，但每个研究一旦被提出，就一定有自己的假设，在课题申报时要挖掘出来并清晰表述。

（四）拟创新点

顾名思义，"拟创新点"表达的是希望通过本研究实现的理论和实践方面的创新。从以往申报书的情况来看，容易出现的问题是忽视前人的研究成果，喜好另起炉灶，动辄称"填补空白"。就目前的经验来看，在基础教育领域"填补空白"是非常困难的，一般性的观念、意见和建议，通常不属于创新点。

课题研究的创新点主要表现在以下几方面。

一是发展创新，即在前人研究的基础上，进一步把研究向前推进，突破现有困境，解决已有研究没有解决的问题等。

二是开拓创新，即另辟蹊径，从新的角度对研究领域作出探索，开辟新的研究领域。

三是认识创新，即运用新的视角看待旧的问题，从而带来对旧问题的新认识。

四是手段创新，即采用新的研究方式、方法工具，从而带来新的解决方式。

当然，一项研究不可能包括上述全部创新，也不可能有太多创新，能够有一两项或两三项创新就是非常不错的研究了。

我们可以通过下面的案例进行分析。

案例3-9：《基于首都城市战略定位的学校课程改进研究》

拟创新点：

（1）研究层次的创新。基于首都城市战略定位开展的研究，不仅可以应用教育政策、人才培养、资源配置等宏观层面，还可以具体到学校的微观层面。

（2）研究视角的创新。课程改进有其自身理论支撑和规律，但是与首都城市战略定位相关联，这是在课程改进研究上的一种新的尝试。

（3）研究方法的创新。针对当前课程改进研究注重理论思辨、经验总结的研究范式，本课题将探索基于证据的学校课程改进研究之路。

评析

研究的创新点方面，关注到了研究层次、研究视角和研究方法三个层面，表述中关照到以往研究的基础，比较客观地表述了本研究可能产生的创新之处，表达比较准确。

总之，一份好的课题申报书，上述四方面往往具有内在的一致性，从研究的总体目的与意义阐述开来，将研究分解为一个个小目标，为达成目标，编制特定的研究内容，并据此提出相应的假设待研究验证。在此基础上，推演出研究可能出现的创新点。

我们可以通过下面的案例展开分析。

-------------- **案例 3-10：《生活史视角下教师课程素养提升的路径设计与实施策略研究》**

研究目标：

（1）明确中小学教师课程素养的内涵、外延及呈现形态、发展水平。

（2）分析课改深化阶段教师课程素养的现状、存在的主要问题和面临的挑战。

（3）清晰教师课程生活的不同状态、质量水平与教师课程素养的相关性。

（4）基于学校课程生活实现教师课程素养提升的路径和实施策略提出针对性建议。

研究内容：

（1）课改深化阶段教师专业素养及其课程素养内涵研究。研究为推进学校课程建设、促进教师专业发展，教师在课程知识、课程意识及课程开发能力、课程实施能力等方面应达到什么样的水平，提出教师课程素养的要素及其表征，以及在教师专业素养结构中的地位和作用。

（2）教师课程素养及其课程生活现状及面临的挑战研究。以学校课程建设为背景和载体，通过访谈、文本分析和日常观察等方式，分析不同学段、不同类型学校、不同发展阶段的教师的课程生活现状和课程素养水平，特别是存在的问题和困惑，以及在未来持续创新过程中面临的挑战，以此回应课程改革的需求和教师专业发展的重点。

（3）教师课程素养与课程生活的相关性及动态互促研究。从生活史角度分析教师的日常课程生活是如何影响课程素养发展的，包括课程生活的主要内容、影响课程素养发展的主要因素，以及素养要素、素养水平与课程生活的适宜性等，揭示课程生活作为教师的专业生活对于专业素养提升的内在规律，以及提升教师课程素养对于提高教师课程生活质量的意义。

（4）基于课程生活的教师课程素养提升的路径设计和实施策略研究。从学校课程建设的整体规划，课程建设任务的适宜性分布，基于国家课程校本化实施、校本课程开发，以及地方课程的创造性实施的教师团队建设、学校课程建设的制度优化、教师专业发展的评价管理等角度研究有效的实践改进策略。

研究假设：

（1）学校课程建设和教师专业发展是一个过程的两面，课程发展是促进教师专业发展的主要载体，而教师的专业发展是学校课程建设的基本保障。

（2）课程素养是教师专业素养的重要组成部分，伴随基础教育课程改革的深化，中小学教师的课程素养直接决定着学校课程建设的水平。

（3）教师课程素养提升不是一个外在于教师课程实践的过程，而是一个以教师真实的课程生活为核心的不断积累和养成的过程。

（4）教师课程素养及其相关专业素养的发展，可以通过优化学校课程建设即教师课程生活的方式得以实现。

拟创新点：

（1）基于基础教育课程改革深化的迫切要求，确立教师的课程素养是教师专业素养的重要组成部分，丰富教师专业素养的结构要素，体现时代特征。

（2）提出学校课程生活是教师课程素养及其相关专业素养发展的核心载体，并结合学校课程建设工作提出教师课程素养提升的具体路径和实施策略。

（3）从生活史研究的视角入手，真实再现教师课程生活的现状、问题及教师的认知冲突、情感困惑和行动难题，切实反映课改深化过程中教师专业发展的内在诉求和对可行性路径的期望。

评析

本课题抓住"生活史视角""教师课程素养"和"路径设计与实施策略"三个关键概念，将研究分解为一个个小目标，为达成目标，编制了特定的研究内容，并据此提出相应的假设待研究验证。在此基础上，推演出研究可能出现的创新点。四部分之间实现了较好的内在一致性。

四、研究思路、研究方法、技术路线和实施步骤

这部分内容回答"如何研究"的问题，是整个研究如何开展的思路地图。研究分为哪几步，每步需要做什么，怎么做等，需要在本部分获得回答。

研究思路是整个研究的路径设计，要具体呈现从研究的开始到结束需要分为几个步骤、每步要做什么？采取什么方法？最后得出什么结论等。研究的整体思

路需要明晰有条理。

研究方法是每一步操作具体采用的方法和手段，一项研究的开展通常需要采取多种方法，中小学教师开展研究通常采用文献法、行动研究法、案例研究法、调查研究法、实验研究法等。研究方法的写作，一般列出将采用的科研方法，并说明在课题研究中准备怎么运用这些方法，或这些方法将运用于课题的哪些方面。申报人务必揭示所采用的研究方法与课题内容之间的内在关系，只有这样，才能让评审者直观地判断研究方法的适切性。实践中通常存在的问题是只罗列多种研究方法，或者对研究方法本身的含义进行解释，缺乏对研究方法使用目的与方法等的针对性描述，有简单拼凑罗列之嫌。

因此，研究方法的撰写，要注意以下几点。

第一，研究方法有主次之分，要注明主要方法是什么，辅之以什么样的具体策略。

第二，方法与内容完全对应，方法要随内容展开设计。

评审专家也指出过，申报书写作中的不足之处主要体现在，"研究方法简单罗列，写了一大堆文献研究、观察研究、调查研究、行动研究等研究方法，但不知道这些研究方法究竟是什么，用来解决什么问题，导致研究问题不能通过科学的方法来回答，最终也无法产出基于证据的结论"。

技术路线是研究的"逻辑图"，也称为"行动图谱"，也是研究的"导航图"，它是以假设为核心，是内容、方法、步骤有机组合的结果，通常用结构图的方式呈现。可以让评审专家一目了然，直截了当地获得研究开展的整体路线。

实施步骤是研究完成的基本程序。研究步骤一般分为准备阶段、实施阶段和总结阶段。研究准备阶段，一般包括课题选择，资料查阅理论准备，方案论证，组织队伍，人员分工等；研究实施阶段，即研究的展开阶段，一般要围绕课题目标和研究假设，对所设计的研究内容开展针对性研究活动，该阶段往往要经过中期检查，即对课题实践过程中的情况进行系统的反思；研究总结阶段，主要工作是进行研究成果的整理，撰写结题报告，准备结题，成果鉴定等。

我们通过下面的案例展开分析。

·········· 案例 3-11：《基于首都城市战略定位的学校课程改进研究》

研究思路：

本课题从对首都城市战略定位理论文献研究入手，领会把握其思想内涵，进而寻找与当前中学阶段学校课程改进之间的内在逻辑关系和结合点。

通过对学校课程发展现状的全面了解，以问题为导向，明确学校课程改进方向，着重在课程理念、目标、结构、内容、实施、评价等要素，以及学校课程决策、课程治理、特色课程建设等方面进行改进，从而服务于首都城市战略定位，发挥学校课程育人作用。

研究方法：

1. 调查研究法。编制相关调查量表，从中了解当前师生、家长等对首都城市战略定位的了解程度，了解学校课程发展现状及存在问题；通过访谈调查，了解不同主体对基于首都城市战略定位的学校课程改进的意见建议。

2. 案例研究法。选择课题研究中的典型学校、典型课程、典型教师、典型学生群体进行案例研究，系统收集整理学校课程改进的资料，详细了解课程改进的具体过程及其效果，为类似研究提供示范引领和参考借鉴。

3. 比较研究法。针对学校不同课程的知识特点、"四个中心"的不同要求，课题组选择比较研究法，对不同的课程领域特点进行比较。对课程改进的前后数据进行对比，评估改进的质量和效果。

技术路线：

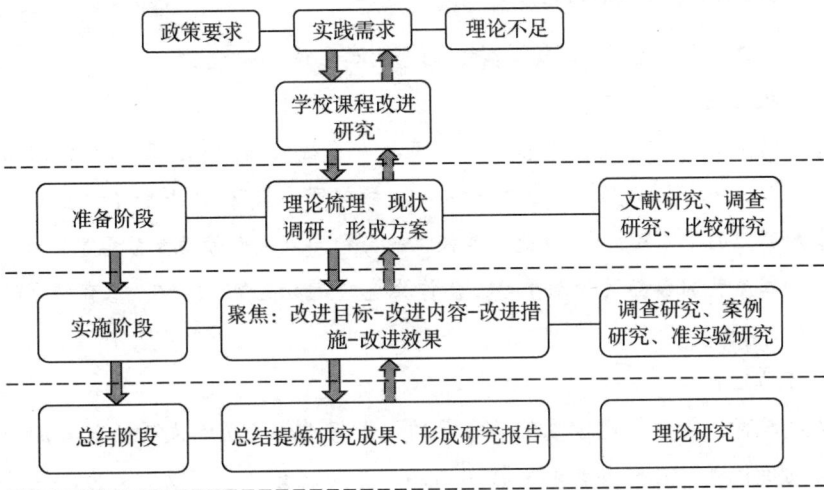

实施步骤：

1. 准备阶段（2020.07-2020.10）。理论梳理，现状调研，形成方案。

2. 实施第一阶段（2020.11-2021.12）。明确学校课程改进的目标方向、改进内容、改进措施。完成课题研究中期总结。

3. 实施第二阶段（2022.01-2022.12）。在实施第一阶段的基础上，构建与"四个中心"相匹配学校课程体系，建设学校特色课程。

4.总结阶段（2023.01-2023.07）。开展改进效果评估研究，总结提炼研究成果，形成研究报告。

评析

该课题申报书对整体"研究地图"的设计清晰明确，有可实操性，让评审专家对课题究竟如何开展有清晰的把握，是一份比较优秀的申报材料。

第三节　典型示范：课题申报书修改实战分析

每一份课题申报书，都是经过不断修改完善而成的，本节内容通过展示某小学《家校协同下小学生劳动体验课程开发与实践案例研究》课题申报书中核心内容"课题设计论证"的修改过程，直观呈现申报书的形成。

一、核心概念界定、国内外研究现状述评

（一）本课题核心概念的界定

原 始 文 本

1. 家校协同

家校协同，是指学校教育系统和家庭教育系统之间的相互联系与作用而产生的协同效应，包括家庭协同学校教育和学校协同家庭教育。（刘繁华，2009）

本研究中的"家校协同"，是以学校、社会和学生家庭劳动教育资源为依托，搭建学校和家庭共同参与的劳动平台，合作共建"劳动教育"网络，培育学生的劳动素养。

2. 劳动教育

劳动教育，是以提升学生劳动素养的方式促进学生全面发展的教育活动。由于"劳动价值观"是劳动素养的核心内涵，劳动教育，也可以定义为以促进学生形成劳动价值观和养成良好劳动素养为目的的教育活动。（檀传宝，2019）

3. 新时代劳动教育

《中共中央 国务院关于全面加强新时代大中小学劳动教育的意见》指出，实施劳动教育的重点是在系统的文化知识学习之外，有目的、有计划地组织学生参加日常生活劳动、生产劳动和服务性劳动，让学生切实经历动手实践，出力流汗，接受锻炼，磨炼意志。（教育部，2019）

4."劳动体验"课程

劳动体验，是指人们通过运用一定的生产工具，作用于劳动对象，创造物质财富，并在实践中亲身经历，实地领会，认识事物，是人类社会存在和发展的最基本的条件。

本研究中的"劳动体验课程"，主要是从新时代立德树人的视角，在义务教育的小学阶段，开展实践性、公益性的劳动体验活动，让学生经历动手实践，出力流汗，接受锻炼，在劳动中掌握一定的劳动技能，促进学生全面自由发展的课程。

问题分析

该申报书核心概念部分存在的主要问题是：概念未能很好地聚焦主题；概念的数量过多且繁杂；概念的篇幅过长，未能抓住其内涵与外延；概念的操作性不足，难以真正指导后面的研究。

修改建议

研究的核心概念是能够集中反映研究主题或主要内容的概念。

课题研究往往是围绕核心概念展开的，读者可以通过核心概念大致把握课题的研究内容。因此，核心概念界定部分一定要围绕研究主题，从题目中加以提炼或结合研究内容加以提炼，核心的追求是所提炼出的核心概念能引导后续研究的开展。就本研究而言，"家校协同""新时代劳动教育""劳动体验课程"三个概念是题眼，需要清晰明了地将这三个概念的内涵与外延表述清楚，使其有可操作性。

最 终 文 本

1. 家校协同

家校协同，是以学校、社会和学生家庭劳动教育资源为依托，搭建学校和家庭共同参与的劳动平台，合作共建"劳动教育"网络，培育学生的劳动素养。

2. 新时代劳动教育

劳动教育，是以提升学生劳动素养的方式促进学生全面发展的教育活动。由于"劳动价值观"是劳动素养的核心内涵，劳动教育，也可以定义为以促进学生形成劳动价值观和养成良好劳动素养为目的的教育活动。

3. 劳动体验课程

劳动体验课程，主要是从新时代立德树人的视角，在义务教育的小学阶段，开展实践性、公益性的劳动体验活动，让学生经历动手实践，出力流汗，接受锻炼，在劳动中掌握一定的劳动技能，促进学生全面自由发展的课程。

（二）国内外研究现状述评

原 始 文 本

1. 家校协同教育模式的研究

国内研究领域，马忠虎编著的《基础教育新概念——家校合作》一书中将家校合作的模式分为"以校为本"和"以家为本"两种模式。"以校为本的家校协同模式"中，各种活动围绕学校展开，包括建立家庭中心，招募家长志愿者，家长参与学校事务管理，家校研讨会等；"以家为本的家校协同模式"，各种活动围绕家庭展开，包括家庭和社区家长教育，开展家庭学习活动家访等。（马忠虎，1999）

国外研究方面，在澳大利亚，学校一方面为家长提供多种正式和非正式的机会了解学生在校的进步，包括学生表现报告、学校年度报告、家长——教师之夜、学校——家长杂志等。另一方面，通过组织系列活动，促使家长参与到学校教育之中，包括课外活动、学校理事会、校内商店（家长志愿者充当商店职员）等。在英国，根据家长参与学校教育的层次采取不同方式，包括低层次参与，有家长访问学校、参加家长会、开放日、学生作业展览等；高层次参与，有经常性的家访、家长参与课堂教学和课外活动、募集资金等；正式组织上的参与，如家长咨询委员会等。（邹强，2011）

2. 有关国外劳动教育发展的研究

（1）国外劳动教育的发展

国外近现代劳动教育发展主要有两个源头：一是在马克思、恩格斯关于"教育与生产劳动相结合"的基础上发展，俄罗斯继承了这一模式。二是在"劳作学校"模式和"做中学"模式基础上开展的劳动教育。沿着这一脉络发展起来的国家有美国、英国、德国、瑞典、日本、韩国等，这些国家的劳动教育都源于"手工艺教育"，"工艺、教育"，最终蕴含于技术教育之中，既具有很强的相似性，也略有不同。其中，美国和英国倾向于通过劳动教育培养学生的技术素养；德国和瑞典更倾向于通过劳动教育帮助学生认识劳动世界，培养学生为职业选择做准备，具有职业教育的特性；日本和韩国则主要借鉴了西方发达国家的劳动教育理念，重视培养学生技术素养的同时，也强调劳动教育的职业教育作用。（张熙 袁玉芝 李海波，2019）

（2）国外劳动教育实施经验

① 课程定位：趋向技术教育

大多数国家或地区劳动技术教育课程的演进大致遵循"手工"（或劳作、手工艺），"工艺"至"技术"的过程，劳动教育的内涵不再仅包含手工制作、家政等简单的生活劳动，对新技术的认识与应用也逐渐成为劳动技术教育的重点。部分国家在劳动技术课程中设置职业认识与体验模块，从小学甚至从幼儿园开始对学生进行职业教育。

②教育内容：兼具丰富性和层次性

国外劳动教育非常重视与社会生活的联系。课程内容可以归纳为手工、家政、技术、社会体验活动四类。手工类课程主要培养学生的劳动技能和劳动情感；家政课程注重培养学生从事家庭劳动的兴趣和能力；技术类课程占整个课程的比例较大，注重培养学生的技术素养，为学生未来的职业选择做准备；社会体验活动在校内外以实践活动的方式开展，主要培养学生的劳动态度和职业兴趣。

③课程体系：关注系统性与连贯性

一般从小学甚至幼儿园开始，直至高中甚至大学，对课程进行整体设置规划，重视学习阶段之间的衔接。课程的实施遵循学生身心发展的阶段性和连续性，低年级学生主要培养学生良好的劳动态度、习惯，基本的生活技能以及对职业的初步认识；高年级学生接受的劳动教育更多的是技术、社会体验活动（职业体验等），主要目的是让学生了解各类职业，培养职业兴趣，为未来职业选择做准备。

④实施途径：整合资源、多渠道灵活进行

课程实施的方式大致可以归纳为三种：一是开设系统的劳动技术课程；二是借助各种教育教学活动实施劳动技术教育；三是二者兼备，相辅相成。一个国家或地区并不局限于采用一种方式实施教学，可能三种方式同时存在。在教学场所上，不仅局限于学校教育，还非常重视家庭在劳动教育中的作用，同时注重发挥社区的作用，调动整合校内外资源，全方位开展劳动技术教育。

⑤师资培养：注重培养教师的专业性

国外非常注重对劳动技术教育教师的培养，尤其是技术教师，开设专门的师范专业，探索并规范劳动技术教师教育培养的课程标准，设置劳动技术教师资格考试制度，为劳动技术教育的顺利开展提供了质量的教师保障。（张熙 袁玉芝 李海波，2019）

3. 我国劳动教育的发展

第一阶段是新中国成立初期的劳动生产教育时期（1949—1965年），主要关注学生的体力劳动教育；第二阶段是"文革"期间的"以劳代全"时期（1966—

1976 年），片面强调劳动教育的政治功能，以劳动教育取代德智体美全面发展的教育；第三阶段是拨乱反正后的劳动思想教育和劳动技术并重时期（1977—1998年），劳动教育分化为劳动思想教育和劳动技术教育两部分；第四阶段是素质教育时代的社会实践教育时期（1999 年以后）。这一时期劳动教育没有独立的劳动课程，主要通过社会实践活动培养学生的综合素质和劳动技术素养。劳动教育的命运起起伏伏，未能形成系统的教育体系。

4. 我国劳动教育的时代价值

方向性——中小学劳动教育课程设置的"行动指南"：2018 年教师节，习近平总书记在全国教育大会上做了重要讲话，劳动教育重新纳入教育方针，再现"五育并举格局"；2018 年 9 月，习近平总书记在全国教育大会上明确提出把劳动教育纳入社会主义建设者和接班人的总体要求之中，加强劳动教育重新成为国家教育方针，新时代的劳动教育如何开展是研究热点；2019 年 11 月，中央深改委通过《关于全面加强新时代大中小学劳动教育的意见》，其中提到，劳动教育是中国特色社会主义教育制度的重要内容；中共中央、国务院发布《关于全面加强新时代大中小学劳动教育的意见》，指出劳动教育是中国特色社会主义教育制度的重要内容，直接决定社会主义建设者和接班人的劳动精神面貌、劳动价值取向和劳动技能水平，构建德智体美劳全面培养的教育体系。

时代性——中小学劳动教育课程设置的"基本要求"：党的十九大提出，到2035 年跻身创新型国家前列，对知识型、技能型和创新型劳动人才的需求越来越紧迫。檀传宝教授指出，劳动教育应依据劳动形态的演进而与时俱进，创造条件让学生参加服务形态的劳动，创造性劳动等，形成当代劳动教育的新方向。（檀传宝，2019）

整合性——中小学劳动教育课程设置的"旨归所趋"：班建武教授指出，劳动教育要把直接劳动教育和间接劳动教育、学科劳动教育和活动劳动教育、个人劳动教育和集体劳动教育、校内劳动教育和校外劳动教育多形态劳动教育充分融合，重视将劳动教育与其他学科课程知识有机结合，构建起整合性的劳动教育实践体系。（班建武，2019）

综上所述，当代新劳动教育，正在从单一走向整合，从活动走向课程，将劳动教育真正融入学校整体课程中，拓宽劳动教育途径，整合家庭、学校、社会各方面力量。形成协同育人格局，这是劳动教育课程的发展趋势。

问题分析

这部分文献太大，有些空，文献要有**最近发展区**，需要与课题关键词最紧密相关，且研究的时间距现在较近，比如近 5 年以来的文献。

修改建议

（1）学校开展劳动教育模式研究。

（2）学校劳动教育课程建设研究。评价引出，基于家校协同视角研究劳动教育很少，关于劳动教育体验课程资源开发重视不够，尚未合理整合利用，实践模式亟须创生丰富，本研究在此基础上开展家校协同的小学劳动教育体育课程建设与实践探索。

最 终 文 本

1. 家校协同教育模式的研究

国外研究方面，关于家校协同模式，在澳大利亚，学校一方面为家长提供多种正式和非正式的机会了解学生在校的进步，包括学生表现报告，学校年度报告，家长—教师之夜，学校—家长杂志等；另一方面通过组织系列活动，促使家长参与到学校教育之中，包括课外活动、学校理事会、校内商店（家长志愿者充当商店职员）等。在英国，根据家长参与学校教育的层次采取不同方式，包括低层次参与，有家长访问学校、参加家长会、开放日、学生作业展览等；高层次参与，有经常性的家访、家长参与课堂教学和课外活动、募集资金等；正式组织上的参与，如家长咨询委员会等。（邹强，2011）

国内，关于家校合作、家校协同，越来越多的研究学者基于教育现实关注到家庭力量对学生发展影响重要性，学校以家长委员会、开展家校合作亲子主题活动方式开展实践研究。最有影响力华东师范大学"生命实践"新教育家校协同研究所对家校协同内涵模式开展了理论研究，叶澜、李家成学者在学校、班级、社会领域开展家校协同育人实践研究。

2. 有关学校劳动教育价值与发展定位的学者研究

国内外关于开展劳动教育内容、育人价值、劳动教育模式研究较多。国外劳动教育非常重视与社会生活的联系。课程内容可以归纳为手工、家政、技术、社会体验活动四类。国内关于劳动教育研究在近三年是研究热点。关于劳动教育价值研究，檀传宝教授指出，劳动教育应依据劳动形态的演进而与时俱进，创造条件让学生参加服务形态的劳动，创造性劳动等，形成当代劳动教育的新方向。（檀传宝，2019）

班建武教授指出，劳动教育要把直接劳动教育和间接劳动教育、学科劳动教育和活动劳动教育、个人劳动教育和集体劳动教育、校内劳动教育和校外劳动教育多形态劳动教育充分融合，重视将劳动教育与其他学科课程知识有机结合，构

建起整合性的劳动教育实践体系。（班建武，2019）

3.学校实践层面劳动教育课程建设研究

学校层面，关注劳动教育课程建设研究，主要集中在课程体系建设的系统性和连贯性方面。有研究指出，建立从幼儿园到大学对课程进行整体设置规划，重视学习阶段之间的衔接的教育体系。课程的实施遵循学生身心发展的阶段性和连续性，低年级学生主要培养学生良好的劳动态度、习惯，基本的生活技能以及对职业的初步认识；高年级学生接受的劳动教育更多的是技术、社会体验活动（职业体验等），主要目的是让学生了解各类职业，培养职业兴趣，为未来职业选择做准备。关于劳动课程实施途径方面，研究指出要整合资源、多渠道灵活进行。劳动教育，不仅仅局限于学校教育，还非常重视家庭在劳动教育中的作用，同时注重发挥社区的作用，调动整合校内外资源，全方位开展劳动技术教育。（张熙 袁玉芝 李海波，2019）

综上所述，基于家校协同视角研究劳动教育研究成果很少，关于劳动教育体验课程实践探索略显不足，关于劳动课程资源开发重视不够，尚未合理整合利用，实践模式亟须创生丰富，本研究在此基础上开展家校协同的小学劳动教育体育课程建设与实践探索。

二、选题的目的、意义及研究价值

（一）选题的目的

原 始 文 本

本选题旨在挖掘家校协同下的劳动教育资源，整体优化学校课程设置，将劳动教育有机整合到学校三级课程之中，形成具有综合性、实践性、开放性、针对性的劳动教育课程体系，引导学生树立正确的劳动观，崇尚劳动、尊重劳动，增强对劳动人民的感情，让劳动教育成为学校课程体系的"基因"，发挥劳动教育独特的综合育人功能，构建德智体美劳五育并举的教育体系。

基本评价

选题目的表达比较到位，用较为简洁的话语清晰地表达了本研究最终想要实现的目标是构建劳动教育课程体系，发挥其育人功能，并最终实现学校德智体美劳五育并举的教育体系的构建。

修改建议

该部分内容建议直接留用。

（二）选题的意义

原 始 文 本

1. 贯彻党的教育方针的根本要求，坚持立德树人，把劳动教育纳入人才培养全过程。

2. 培育和践行核心价值观的有效途径，在一扫一洒间涤荡心灵、在一搬一运时体味艰辛、在一粥一饭中懂得感恩，将正确的价值观教育内化、细化、融入和渗透在劳动教育的点点滴滴，润物无声，育人于无形。

3. 传承中华优秀传统的重要形式，切实体味和感受劳动的酸甜苦乐，形成传承中华优良传统、弘扬劳动精神、珍视劳动成果的良好风尚，进一步培育和厚植热爱劳动、热爱劳动人民的崇高情感。

4. 实现全面育人目标的长效措施，加强劳动教育，是坚持立德树人，全面育人，育全面发展的人，深化教育领域综合改革的现实需要，对于实现中华民族伟大复兴的中国梦具有重要意义。

基本评价

以上关于研究意义的表述，总体而言有种"没有切中要害"之感，似乎只是在阐述劳动教育的重要性，没有指明针对本研究的直接意义。

修改建议

围绕最新的教改精神、党和国家的教育政策、劳动教育的内涵等充分表述开展本研究的重要意义。

最 终 文 本

2018 年 9 月，习近平总书记在全国教育大会上明确提出把劳动教育纳入社会主义建设者和接班人的总体要求之中，加强劳动教育重新成为国家教育方针，新时代的劳动教育如何开展是研究热点。2019 年 11 月，中央深改委通过《关于全面加强新时代大中小学劳动教育的意见》，其中提到，劳动教育是中国特色社会主义教育制度的重要内容；中共中央 国务院发布《关于全面加强新时代大中小学劳动教育的意见》，指出劳动教育是中国特色社会主义教育制度的重要内容，直接决定社会主义建设者和接班人的劳动精神面貌、劳动价值取向和劳动技能水平，构建德智体美劳全面培养的教育体系。选题符合政策相关要求，是落实国家政策的行动举措。

在小学探索劳动体验课程资源开发与实践探索，从小培育和厚植热爱劳动、热爱劳动人民的崇高情感，是坚持立德树人，全面育人，育全面发展的人，深化教育领域综合改革的现实需要。

（三）研究价值

中共中央 国务院《关于全面加强新时代大中小学劳动教育的意见》出台，明确在大中小学设立劳动教育必修课，本课题研究是在"新劳动教育"的大环境下应运而生，探索如何将劳动教育贯穿家庭、学校、社会各方面，与德育、智育、体育、美育相融合，整体构建"劳动教育课程体系"，积极探索具有中国特色的劳动教育模式，对于促进学生形成正确的世界观、人生观、价值观，具有现实研究的意义，能够不断充实新劳动教育课程建设的理论与实践经验，为全面构建体现时代特征的劳动教育体系提供理论与实践的经验。

基本评价

修改后的文本研究价值表达得比较精准，清晰明了地表达了本研究在学校课程建设、学生三观形成等理论与实践方面的价值。

修改建议

该部分内容建议直接留用。

三、研究目标、研究内容、研究假设和拟创新点

（一）研究目标

原 始 文 本

1. 立足于"人的全面发展"，坚持立德树人，将劳动教育与其他课程知识有机结合，整体优化学校课程设置，形成具有综合性、实践性、开放性、针对性的劳动体验课程体系，提升学生综合素质，促进学生全面发展、健康成长。

2. 积极探索劳动教育体验课程的实践路径，实现知行合一，引导学生树立正确的劳动观，崇尚劳动、尊重劳动，增强对劳动人民的感情，培养基本劳动能力，形成良好劳动习惯。

基本评价

（1）这两方面的目标描述，不像是目标，而是工作期待和效果。

（2）目标"1"中提到的"综合性、实践性、开放性、针对性的劳动体验课程体系"的开发与本研究的题目不相符，并非本研究的直接研究目标。

（3）目标"2"的描述是通过这个研究推进劳动教育，进而在学生身上体现出的效果。引导学生形成劳动习惯，这并不是研究目标本身，不是研究直接带来的

产出，而是研究转化后的实践影响。

修改建议

紧紧围绕研究主题，对研究的直接目标进行表述，而不是"舍近求远"地把研究的实践效果当作目标本身。

最 终 文 本

1. 探索家校协同开展小学生劳动体验课程实践模式，调研开发小学生学校、家庭劳动资源。

2. 积极探索劳动教育体验课程的实践路径，实现知行合一，培养学生基本劳动意识和能力，形成良好劳动习惯。

3. 系统梳理典型经验模式，开发典型课程案例，逐步建构小学劳动教育体验课程体系。

（二）研究内容

原 始 文 本

1. 家校协同开发课程资源，整体建构"新劳动教育课程体系"的研究

从新时代立德树人的视角，立足于人的全面发展，基于学校"开心农场"实践基地和家校资源，整体建构"新劳动教育课程体系"，做好新劳动教育顶层设计和理论架构。

家庭方面，开发"小鬼当家"等家庭基础劳动课程，在力所能及的家庭劳动实践中，实现个人生活自理、和家人一起分担简单家务、能做简单饭菜等，帮助学生形成基本的生活技能，逐步养成劳动习惯，树立崇尚劳动的家风；挖掘家长的课程资源，聘请有劳动专长（技能）的家长走进校园，开展"亲子讲堂"活动，对学生进行劳动思想教育和劳动技能传授；开展"生活+"亲子实践课程，由家长和学生自主策划节假日参加社会劳动的亲子实践活动，以家校共育的教育模式，培养学生的劳动意识和吃苦耐劳的精神。

学校方面，积极开发"基础类、拓展类、实践类"三级课程资源，建构"劳动体验课程群"。基础类课程，通过课堂融入，力求用中华传统美德和勤劳智慧的劳动精神滋养人，使劳动教育入眼、入耳、入脑、入心，让学生潜移默化地受到熏陶，进一步培育和厚植热爱劳动、热爱劳动人民的崇高情感。

拓展类课程，基于"开心农场"实践基地，让学生观察自然生态，亲历"种植、养护、收获"等农耕劳作，体验劳动的艰辛；利用校园内"尚美影院""巧虎交通队""至善小银行""三味书屋"等实地场所，进行"职业体验"劳动教育；

依托"花样社团"，在艺术创作中以劳育美，在美食烹饪中体验劳动乐趣。

实践类课程，依托社会大课堂实践基地，比如走进"职业体验教育中心"，在精彩纷呈的职业劳动中掌握一技之长，走进"中华耕织文化园"，亲手学习手纺线、手织布、蜡染扎染等传统手工技艺；开展"农耕文化"跨学科学习，进行学科整合式的项目式学习；进行社会公益活动，开展岗位志愿服务体验；利用校园"劳动节"开展系列劳动主题实践活动。

通过家校协同开发劳动教育体验课程资源，将劳动教育真正融入学校整体课程中，拓宽劳动教育途径，整合家庭、学校、社会各方面力量，形成协同育人格局。

2. 劳动体验课程实践操作模式的研究

以学校为主体，家庭和社会为两翼，构建"一体两翼"的劳动教育实践育人体系。

学校是主阵地，开展基于国家课程的融入式学习，拓展课程的主题式学习，实践课程的跨学科学习，使学生形成正确的劳动价值观；家庭是练兵场，抓住家庭基础课程和亲子实践课程，形成家校教育合力；社会是实践台，组织学生参与社会实践与公益服务活动，增强服务意识和责任担当，这是学校和家庭劳动教育的延伸，强化实践育人。

3. 劳动教育师资队伍建设的研究

把劳动教育纳入教师培训内容，开展全员培训，强化每位教师的劳动意识、劳动观念，提升实施劳动教育的自觉性；对承担劳动教育课程的教师进行专项培训，提高劳动教育专业化水平；鼓励教师申报劳动教育相关课题，通过课题研究解决本课程推进实施过程中的教学问题，提高教师自身实施课程的能力；建立健全劳动教育教师工作考核体系，分类完善评价标准。

4. 构建劳动教育评价体系的研究

将劳动素养纳入学生综合素质评价体系，制定评价标准，建立激励机制，组织开展劳动技能和劳动成果展示、劳动竞赛等活动，围绕"过程、结果、发展"三个维度，建立学校为主导，家庭协同的课程评价，开展多层次、全方位的多元评价，使课程得到常态化实施。

基本评价与修改建议

（1）研究内容"1"，写得过于具体，没有问题探究性，更像一个工作计划，要围绕着体系建立而写，注意因果关系，这部分需要再压缩。

（2）研究内容"2"中提到的"'一体两翼'的劳动教育实践育人体系"的开发与本研究的题目不相符，过于宏大，但是"一体两翼"有特点，因此需要对现有内容重新梳理加以取舍。

（3）研究内容"3"和"4"内容过多过散，需要与题目对标，"劳动教育师资队伍建设""评价体系"超出题目范畴，题目就是体验课程开发与实践模式，本研究到底要做什么，仍需要进一步厘清。

最 终 文 本

1. 家校协同开发课程资源，开展小学生劳动教育体验课程实践模式的研究

家庭方面，开发家庭基础劳动课程，帮助学生形成基本的生活技能，逐步养成劳动习惯；挖掘家长的课程资源，对学生进行劳动思想教育和劳动技能传授；开展社会公益实践课程，以家校共育的实践模式，培养学生的劳动意识和吃苦耐劳的精神。

学校方面，挖掘"基础类、拓展类、实践类"三级课程资源，建构"劳动体验课程群"。基础类课程，通过课堂融入，进一步培育和厚植热爱劳动、热爱劳动人民的崇高情感；拓展类课程，基于"开心农场"实践基地，校园内"尚美影院""巧虎交通队""至善小银行""三味书屋"等实地场所以及学校"花样社团"，以劳育美，体验劳动乐趣。

实践类课程，依托社会大课堂实践基地、岗位志愿服务体验，以及校园"劳动节"开展系列劳动主题实践活动。通过家校协同开发劳动教育体验课程资源，将劳动教育与其他学科整合，融入学校整体课程中，调动整合校内外资源，全方位为学生开展劳动体验教育。

2. 小学生劳动教育体验课程实践路径的研究

整合家庭、学校、社会各方面力量，构建"一体两翼"的劳动体验课程实践操作模式。学校是"主体"，实施基于国家课程的融入式学习，拓展课程的主题式学习，实践课程的跨学科学习等实践模式，使学生形成正确的劳动价值观；家庭和社会是"两翼"，实施"家庭基础课程""亲子讲堂"以及"社会实践与公益服务活动"，拓宽劳动体验课程实践路径，强化实践育人。

3. 梳理典型经验，构建小学劳动体验课程体系

梳理家校协同下劳动体验课程实践模式与实践操作路径的典型经验与案例，整体优化学校课程设置，构建"三位一体"的课程开发与实践模式，逐步形成小学劳动体验课程体系。

（三）研究假设

原 始 文 本

1. 紧密结合时代发展和学生生活实际，贯穿家庭、学校、社会各方面，与德育、智育、体育、美育相融合，整体优化学校课程设置，形成家庭、学校、社会"三位一体"的"新劳动教育课程体系"。

2. 构建"一体两翼"的劳动教育实践育人模式，形成学校、家庭、社会三方劳动教育实践平台，让学生动手实践、出力流汗、接受锻炼、磨炼意志，感知劳动乐趣，形成良好的劳动习惯。

3. 通过全员培训、专项培训、课题研究、工作考核等方式，提高劳动教育教师队伍的专业化水平，具备校本课程开发、实施和研究的能力，打造智慧型的劳动教育师资队伍。

4. 健全学生劳动素养评价制度，组织开展劳动技能和劳动成果展示、劳动竞赛等活动，激发学校和学生的积极性，将劳动实践过程和结果纳入学生综合素质评价体系。

基本评价与修改建议

目前表述中用到的词汇"紧密结合""贯穿""整体优化""形成"等，更像是工作链条，是领导布置工作，而非研究假设。所谓假设是推断出，有待通过本研究加以验证的新观点是什么，题目中提出的"模式"可能含有哪些要素，要素之间是什么关系等，这些是研究假设需要表达的内容。

最 终 文 本

1. 通过家校协同开发小学生学校、家庭劳动体验课程资源，整体优化学校课程设置，贯穿家庭、学校、社会三方面，与德育、智育、体育、美育相融合，形成"三位一体"的小学生劳动体验课程实践模式。

2. 通过家校协同构建学校、家庭、社会三方劳动体验课程实践平台，学校基于三级课程创新学习方式，家庭、社会依托家务劳动、社会实践和公益活动，形成"一体两翼"的劳动体验课程实践路径。

3. 通过梳理小学劳动体验课程实践模式与操作路径的典型经验与案例，形成具有综合性、实践性、开放性、针对性的小学劳动体验课程体系。

（四）拟创新点

原 始 文 本

创新点之一：探索新时代劳动教育新路径。

创新劳动教育模式，整体构建学校、家庭、社会"三位一体"的劳动教育课程体系，在学校、家庭、社会和岗位领域，以多形态劳动为载体，形成校内劳动与校外劳动实践相结合、课内与课外相结合的整合式新时代劳动教育新路径。

创新点之二：探索劳动教育融入学校文化中。

将劳动教育融入校园文化建设之中，校内构建适合劳动体验的"真实场景"，如"开心农场""三味书屋""尚美影院""至善银行""巧虎交通队""美食小工坊"等，打破学科课程与活动课程、课堂学习和生产劳动之间的边界，让学生回到真实、有趣、生动的学习情境中，在劳动教育与生活实践中间架起沟通的桥梁。

创新点之三：探索新型劳动教育课程模式。

在劳动教育课程模式上，基于学校"开心农场"和家校资源，将劳动教育融入学校三级课程之中，形成新劳动教育特色课程群。创新课程学习模式，开展跨学科整合学习、各年段主题学习、各家庭亲子实践等学习方式，使劳动教育真正从随意的"活动"走向有结构的、系统的"课程"，有利于其常态化实施。

基本评价与修改建议

创新点要围绕关键词展开：（1）家校协同，开展劳动教育，弥补学校劳动教育力量的不足，体现了超越于学校教育；（2）劳动体验课程中体验模式能够增强实践感，提升成就获得感；（3）实践路径和资源开发可以提供案例，丰富实践经验。

最 终 文 本

创新点之一：开展劳动教育，形成协同育人新格局。

家校协同是现代教育的新观点和新思路，家庭、学校等多方面的教育资源、教育力量主动协调、积极合作、达成共识，协同增益，从而形成协同育人的格局，可以实现教育效果最大化。

创新点之二：劳动体验课程，体验模式增强实践感，提升成就感。

学校方面，校内构建适合劳动体验的"真实场景"；家庭方面，利用节假日，由家长和孩子自主设计关于"社会实践与公益服务"方面的亲子实践活动。

创新点之三：实践路径和资源开发，提供案例，丰富实践经验。

在小学劳动教育体验课程实践路径与资源开发的探索中，对典型的案例进行个案归因分析，提炼劳动体验课程的理论，不断丰富实践经验，为整合劳动体验课程经验、推广研究成果积累了丰富的案例。

四、研究思路、研究方法、技术路线和实施步骤

（一）研究思路

家校协同下小学生劳动体验课程的开发与实践案例研究

课程开发 → 学校 → 三级课程 → 基础课程 / 拓展课程 / 实践课程
课程开发 → 学校 → 教师队伍 → 教师培训 / 校本研发
课程开发 → 学校 → 评价体系 → 制定标准 / 建立机制 / 成果展示
课程开发 → 家庭 → 家庭课程 → 家务课程 / 家长课程 / 实践课程
→ 新劳动教育课程体系

实践模式 → 学校 → 实践平台 → 课程融入 / 实践基地 / 社会课堂
实践模式 → 家庭 → 家校协同 → 家务劳动 / 家长讲堂 / 亲子实践
→ 新劳动教育课程实践模式

→ 家校社三位一体新时代劳动教育体系

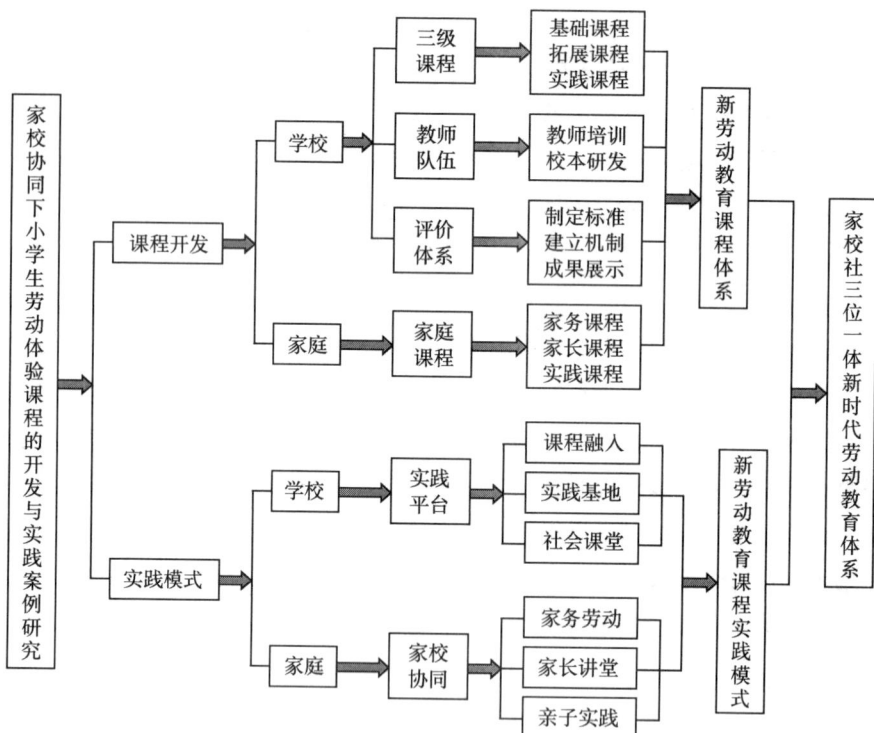

（二）研究方法、实施步骤

时　间　段	实施步骤	研究活动	研究方法
2020.9—2020.12	查阅文献，梳理研究思路，制定课题研究方案，课题组成员制定研究子课题。	收集资料，文献分析；理论支撑，制定方案。	文献研究法；专家访谈法。
2021.2—2022.7	家校协同小学劳动体验课程的开发及实践操作模式的研究，对实施方案进行调整与改进，初步形成劳动体验课程框架体系和操作模式。	课题培训，明确方案；自主研究，案例分析；阶段研讨，方案调整。	行动研究法；案例研究法。
2022.9—2023.3	课题研究方案再实施，组织课题组人员进行专题研究，继续完善劳动体验课程框架体系和操作模式，形成"新劳动教育课程体系"。	专题研究，案例分析；典型引路，经验分享；阶段报告，总结策略。	问卷法；行动研究法；案例研究法。

时　间　段	实　施　步　骤	研　究　活　动	研　究　方　法
2023.4—2023.8	总结提炼研究成果，撰写结题报告。	提炼成果，撰写报告；案例收集，经验汇编。	经验总结法。

（三）技术路线

基本评价与修改建议

从研究思路、研究方法、技术路线和实施步骤部分的内容来看，上述申报书采用了图表的方式进行了清晰的表达，明确了本研究的基本思路和技术路线，是比较好的表述方式。存在的比较突出的问题是没有对"预期成果"的表述，需要做一些细微的调整和补充。

第四章

打磨文献综述的"研值"

课题申报书中，最能体现申报者学术底蕴和研究基础的部分就是"文献述评"。课题评审专家往往也是通过"文献述评"部分的撰写，来判断课题负责人的研究功底。

好的文献综述，要能厘清脉络要点，能对选题的未来趋势做出价值判断。好的文献述评要做到恰到、精准的"综而有述，述中有评"。

究竟怎样来做文献综述？如何让文献述评更具"研值"担当？只要明确关于文献综述最基本的问题，把握综述的目的，让外行看明白，让内行看门道，从过去看未来，自然能磨砺出有"研值"担当的文献述评。

第一节　找准文献综述"最近发展区"

文献综述，是对与课题相关的现有文献进行系统性整理、分析、研判的过程。其核心目的是梳理已有研究的进展，立足当下研究的问题，判断未来的研究趋势，检验课题的理论价值与创新点所在。评审专家也常常通过文献综述来研判课题团队的学术功底。

文献综述并不只是提供某方面研究的文字摘要，而是通过系统梳理某课题在某研究领域的学术文献，熟悉该领域研究源头、学术发展脉络的动态趋势，帮助研究者进一步厘清研究思路，开启持续研究的文献基础和深度研究的着力点。研究者在繁杂的文献中找准研究源头，以及具有一定研究高度的代表性文献，在现有的研究与前人的权威研究之间建立起内在的逻辑联系，以进一步提炼、集中研究问题，分析判断出后续研究的关键方向。通俗地讲，文献综述是"站在前人的肩膀上看世界"；是"回望过去，立足当下，展望未来"。

一、综述的价值与意义：站在巨人的肩膀上前行

文献综述是一种对已取得的研究成果或研究文献进行的"再研究"，属于"元研究"，即"研究之研究"的范畴。[1]文献综述的学术价值在于它是以原研究为起点进行创新的过程，使研究者能够站在巨人的肩膀上，也就是站得更高、行得更远。

（一）正解求是：文献综述的本真

文献综述，又称研究综述、研究述评和元分析，这些称呼尽管表述不同，但所指向的内涵是一致的。目前，教育学界一般采用文献综述这一表述。正因如此，文献综述的真正内涵一定程度在字面意思的遮盖下被忽视了。研究者在撰写文献综述时，常常强调"综"和"述"，这种理解相对于文献综述丰富的内涵而言未免过于狭隘。以下几位学者对于文献综述的定义有助于教师理解其内涵。

迈克尔认为：文献综述是"列出与你的研究计划相关的历史研究，并解释你的论文是如何建构并超越过往研究的"。[2]劳伦斯和布伦达认为："文献综述是一种

1　李枭鹰：《文献综述：学术创新的基石》，载《学位与研究生教育》，2011（38）。
2　［美］迈克尔·E. 查普曼：《人文与社会科学学术论文写作指南》，桑凯丽译，北京，北京大学出版社，2012。

书面论争。它依据对研究课题现有知识的全面理解，建立一个合理的逻辑论证；通过论证，得出一个令人信服的论点，回答研究问题。"[1]张斌贤认为："文献综述绝不仅是对现有研究成果的叙述、评论，它更主要的是确定我们研究的出发点，是对一个研究问题进行探索的基础，这是文献综述的根本所在，是它应该发挥的最本质作用。"[2]

通过上述学者对文献综述定义的表述，可知文献综述必须满足三个依次深化的条件。

条件一，对前人观点进行概括、归纳和总结性描述；条件二，在综合归纳整理前人观点的基础上，对已有研究成果进行评论；条件三，在对已有成果进行评述的基础上结合自己的选题方向，研判可能的创新点，其关系可以用图4-1表示。

图4-1 文献综述的三个条件

总而言之，文献综述绝不仅是对现有研究成果的简单叙述、评论，它更强调确定新研究的出发点，聚焦新研究是立足于什么样的基础上开启的。当研究者开始进行一项新的研究工作时，需要对前人已经完成的与之相关的研究工作成果进行阅读、筛选、比较、分类、综合和评价，在这个基础上，研究者用自己的语言对某一问题的研究状况进行综合叙述、客观评价，并提出自己的研究立论，以及能够创生的新问题和研究路径。

1 ［美］劳伦斯·马奇，布伦达·麦克伊沃：《怎样做文献综述——六步走向成功》，代序，上海，上海教育出版社，2014。
2 《重视文献综述在教育研究中的价值——访北京师范大学教授、长江学者张斌贤》，载《教育科学研究》，2015（29）。

（二）登高望远：文献综述的价值

借助以下两则故事，可以理解文献综述对于科研课题的价值和意义。

胡适"胡说"的故事

胡适先生在北大做教授时的一段轶事留给后人诸多启示。胡适应邀到某大学讲演，他引用孔子、孟子、孙中山等人的话，在黑板上写："孔说""孟说""孙说"，并对他们的话进行分析，然后再引出今人对这个问题的观点，同时指出他们之间的传承关系及相同或相异之处。最后，他发表自己的意见时，黑板上的几个字引得哄堂大笑，原来他写的是——"胡说"。

恰恰是因为"胡说"，奠定了他在北大师生心目中的地位；恰恰是因为"胡说"，表达了他对所研究问题的与众不同的思考、见解与观点；恰恰是因为"胡说"，表现了他对自己研究的问题理解的深度与广度。胡适先生之所以能够"胡说"，是因为他做了充分的准备工作或文献综述工作，这也在很大程度上说明了文献综述的意义或价值。

香椿的故事

老友馈赠我太多香椿，因此我基于香椿食材开展了各种加工模式的实践研究。我原来只知道香椿炒鸡蛋，但通过检索，发现还可以有很多路径和方法进行加工，于是我把所有"文献"进行了分类别梳理：（1）腌制香椿；（2）香椿面食类，如包饺子、烙馅饼；（3）香椿菜类，如香椿鸡蛋、香椿拌豆腐、炸香椿鱼。根据加工类别，我们可以明确初步方向，这时候再选择具体实践路径。比如我要腌制，这就是选择过程，依据"腌制香椿"的目的，再进行聚焦细分析，有三种方法：（1）直接用盐腌制；（2）油泼腌制；（3）用各种调料腌制。通过相近做法的比较描述，就知道哪种最符合自己的烹饪目标。进而借鉴相关菜谱，加上自己的发挥，形成独特的"张氏香椿加工法"。可见，我们在前人的肩膀上，通过比较分析，综合判断、鉴别，最终确定自己的选题领域以及实施方法和策略。

1. 文献综述在立项评审中的价值

从课题申报书中各项内容的排列顺序，透视文献综述的意义，更有利于理解文献综述的深刻价值。

众所周知，一项课题设计论证应该包括以下几项内容：概念界定和国内外研究现状述评；选题目的、意义及研究价值；研究目标、内容、假设与创新点；

研究思路、方法、技术路线与实施步骤。国内外研究现状述评（文献综述）在课题申报书中是首先呈现的内容，是后续内容的基础和铺垫。可以说，文献综述能够凸显出选题具有的"意义"和"研究价值"，在内容方面也具有"创新点"。

文献综述的基本功能就是基于"研究选题"聚焦"关键词"，对选题所属领域的学术文献进行筛选整理、分析研究，形成具有一定高度和深度的，具有代表性的系列观点，对选题领域做后续的研究价值和趋势方面的判断，力图准确、全面地了解和掌握该领域的研究动态。

由此可见，文献综述的一个重要价值，就在于及时地反映某个研究领域的新观点、新成果、新动态，以便更充分、准确地掌握和利用。通过文献综述工作，将前人已做的工作阐述清楚，明确参照点，就可以更好地呈现出选题的创新点。简而言之，文献综述正是在前人研究的基础上，呈现出现有研究的"高度"和"深度"。

2. 文献综述对于课题研究的价值

第一，启发后续研究的价值。只有全面和深入地了解前人已经开展的研究工作及取得的成果，才能为后续研究提供启发和借鉴，在此基础上进行继承、拓展和创新。

第二，选择研究方法的价值。研究者只有完整地理解已有的理论、方法和观点，并且对其进行深入比较，才能总结出新研究需要依托什么样的手段、工具或者方法，才可能取得高质量的研究结果。

总体来看，新的研究就是在前人凝成的研究体系的基础上继续深入和创新，这也是新研究的意义所在。

概言之，文献综述的价值体现在以下几个方面。

第一，梳理前人对于该问题所持的不同解释或观点，以及已取得的研究共识，在此基础上形成自己的课题及创新点。

第二，找到本领域研究前沿所在，明确自己的研究是否处于前沿阵地。

第三，了解他人在同一个研究问题上采用的不同的研究思路，形成自己的研究新思路。

第四，帮助构思论证课题的理论框架、论证技术以及数据收集和分析方法，找到最佳的研究方法。

第五，防止盲目的重复研究，少走弯路，不走错路，提高研究的成本效益。

二、文献的判断与识别：众里寻他千百度

文献综述，从对文献的识别和判断开始。首先需要在浩瀚的研究文献中抽丝剥茧，筛选具有利用价值的文献，这一过程可谓"众里寻他千百度"。

（一）文献在何方——寻找权威

查找文献时，要以权威性为导向，把握以下三个维度。

1. 权威经典维度

查找文献时的首要维度，就是注重对一些权威且具有经典性的文献予以引用。这主要有以下两个原因。

第一，权威机构输出的文章和经典刊物所呈现的观点大多经过了严格筛选和考验，在学术意义上更为严谨和规范，更能体现"巨人肩膀"的价值意义。第二，权威学者对于自己深入研究的学术领域往往具有深刻而又独特的见解，其研究在一定程度上能够反映该领域较高的研究态势和研究水平，或者能够体现该领域的发展趋势，因而具有较高的参考价值。

在具体操作层面，研究者可在权威的学术期刊网上进行索引，期刊级别、被引用率都可以作为参考指标；此外，对一些经典权威书籍和学术大家的系列作品也可以进行广泛查找和精深研读，为己所用。

2. 理论前沿维度

科学研究的本质在于突破和创新，不断丰富学科知识体系。因而，代表理论前沿的文献，其作者一般对于相关领域的最新理论、进展、动态以及发展趋势有丰富的研究，并且会进行研究方法、内容和思路上的创新，采用这样的前沿文章进行综述，能够对新研究起到更大的学术推动作用。这要求查阅文献要注重时序上的连续性，时间上的及时性。一般情况下，以文章出版的时间为标准，5年内的文献宜被定义为具有前沿性的文献。具有一定比例的参考文献，能体现综述本身的时代性与全面性，也表明文献作者对这一领域最新的文献的阅读与

思考。[1]

3. 国际视角维度

除了查阅经典权威和具有理论前沿性质的文献外，高水平的综述还应该放眼国际，重在面宽，以防遗漏，获取全面的国际性科研成果，将其吸纳到自己的综述中。其意义体现在：第一，能够体现出新研究是立足于国际层面的学术成果，具备一定学术水准；第二，能够体现出研究者的包容、开放的学术视野。

（二）查找文献的具体方法——聚集关键词

整理分析文献，一般立足于选题领域展开，聚焦核心主题，围绕核心"关键词"展开。

确立精准的关键词，有以下四种方法。

方法一，根据研究课题的题目或论文写作的题目来确定关键词，题目是研究及论文的眼睛。题好一半文，文好一半题，说的是抓好题眼的重要性。

方法二，题目当中应该内含着研究的关键成分，可以从题目隐含的意思来寻找关键词。

方法三，从研究课题的子课题题目来确立关键词。

方法四，从所要实现的研究目标来确立关键词，从研究目标中往往可以发现许多可借鉴的文献材料，也可以找到解决问题的对策建议等。

通过中国知网数据库，运用主题、关键词搜索等方法，可以浏览相关领域的学术文献。例如，近年来"思政一体化""家校社协同""大单元教学""项目式学习""新课程""人工智能""学习任务群"逐渐成为研究选题热点领域和热点问题。

例如，以《高中语文学习任务群建立与实践策略》研究课题为例，聚焦关键词，检索相关文献，如图（4-2所示），再依据栏目提示，确定主要选题、来源类别，选择CSSCI 50篇文献，依据发表时间，进行下载深度分析。

---

1 杨寒:《如何进行文献综述——基于高等教育类文献综述的分析》，载《科教导刊》，2018（37）。

图 4-2　利用关键词检索查阅文献

（三）文献判识的注意事项

在判断和识别文献的过程中，要注意以下几个问题，避免陷入误区。

第一，因为研究必然存在不同程度的盲点与不足点，所以第一次文献综述的目的在于明确自己的研究问题并形成创新点，之后的文献综述的目的则在于找到为己所用的参考资料。

第二，教育领域的文献资料通常有两种呈现方式：一种是事实及事实判断的内容，另一种是价值及价值判断的内容。在利用他人的文献时，需要体悟"狐狸 = 狡猾"与"小白兔 = 可爱"中的问题，即需要分清文献中的事实成分与价值成分以及哪些分别属于事实判断的内容与价值判断的内容。[1]

第三，利用文献的目的不仅仅在于获取他人已有的研究成果，更在于发现隐藏在材料背后的人们对某一复杂问题的认识与理解、分析与综合，从而能够在综合前人的成果的基础上博采百家之长，形成自己独到的研究思路，并得到全面、深刻、独到的结论，从而成为真正意义上的"集大成者"。

第四，查阅文献不仅能帮助我们了解前人对有关问题的研究情况、进展及其研究成果，避免做重复性的研究，节省了人力、物力和财力。同时，从中也可在研究方法和步骤，特别是在研究思路方面获得有益的启发。除此以外，还可发现他人研究中存在的问题与不足，避免重蹈覆辙。

1　胡东芳：《教育研究方法：哲理故事与研究智慧》，上海，华东师范大学出版社，2009。

三、文献综述的"最近发展区"原则

确定选题之后，就要广泛阅读有关文献，进行比较鉴别，去粗取精。由于文献综述涉及面广而篇幅有限，选择材料时须注意把握文献的"最近发展区"。"最近发展区"是苏联心理学家维果茨基提出的一个著名理论，借用这一理论进行文献综述，是提高文献综述质量的有效途径。

（一）"最近发展区"的原理

维果茨基的"最近发展区"理论认为，学生的发展有两种水平：一种是学生的现有水平，指独立活动时所能达到的解决问题的水平；另一种是学生可能的发展水平，也就是通过教学所获得的潜力。学生自主学习所能达到的水平与经由教师教学、同学帮助等而能达到的高度之间的距离或空间，就是最近发展区。借鉴这一理论，文献综述应该着眼于关键词的最近发展区。前文讲到确立关键词，相当于最近发展区的"着力点"，在最近发展区内由近及远地层层递进寻找文献，由此铺开进行综述文献的过程就是将最近发展区的差异和高度以特定方式呈现出来的过程。

（二）"最近发展区"的具体应用

在最近发展区做文献综述的方法，总的来讲，就是注意与关键词密切相关的亲属文献，并在综述的过程中时刻把握文献距离感。可见，寻找到最近发展区，综述着力点在关键词，围绕着关键词，开展相关领域宏观与微观、一般与重点关系的分析和摘选，即先面后点、突出重点、点面结合。

所谓先面后点，就是先对某个研究领域的总体情况这个"面"有基本掌握，再筛选具有典型性的重点材料。以研究者设定的选题范畴为中心点，把握要进行的综述所涉及的文献主题、范围、年限、类型及文献数量等。在方法上可以采用文字概述、数据统计及简明的图表等形式加以归纳整理。

所谓突出重点，就是在大量的相关文献中，挑选重要的或典型的文献资料。选择重点材料的原则遵循上文文献判断与识别的三个维度，可以从文献的影响力、权威性、新颖性和独创性等方面来考虑取舍。[1]

可以见得，先面后点、突出重点、点面结合的实质是对文献各种因素进行权衡，要求研究者在选取文献的过程中时刻把握全面与重点的辩证关系，最终选取

---

1 张肇丰：《撰写文献综述的几个要点》，载《当代教育科学》，2012（56）。

最适宜的材料进行综述。

（三）"最近发展区"的技术路线

遵循最近发展区做文献综述，常见路线有以下几种。

1. 时间路线

按照时间路线进行文献综述，即纵向综述路线，也就是按照时间轴，对一定时段内某个研究领域中所有重要论文都能够掌握，以此作为进一步研究的基础。一般是按时间顺序整理材料，然后归纳出不同的发展阶段及相应的研究特征。至于怎样才算是重要论文，很难下确切的定义，一般可以从论文发表的刊物性质、引用次数、学术影响以及作者背景等方面来判断。

2. 主题路线

按照主题路线进行文献综述，即横向综述路线，主要是聚焦专题或主题分类，直接将有关素材按照一定的标准进行分门别类的处理，并列地介绍若干项主要的或基本的研究内容。立足自己的研究选题及研究假设，从主题文献阅读中，寻找对自己有启发和借鉴的内容，再进行精读，进行批注式、图标式阅读。

3. 混合路线

按照混合路线进行文献综述，即纵向和横向相结合的综述路线，这种文献综述具有混合结构，可以兼顾某项研究内容的不同类型以及不同的发展阶段和发展过程。从选材的范围和标准看，横向扫描式综述的弹性比较大。进行素材分类时，既可以凭借一定的理论框架形成分类标准，也可以按照一般的教学经验概括事物类别，还可以按照一定的外部特征来区别处理。分类后，再按照上述时间路线的基本原理进行细化操作即可。

第二节　优质文献综述的写作

从以往评审经验可以发现：教师最困惑、最薄弱的环节就是文献综述，因而教师最期待提升和改进的，自然也是文献综述。文献综述中的典型的问题，主要体现在综述内容与核心研究错位、关键词与切入点不搭配、综述行文泛泛而谈，没找准权威文献，对本研究借鉴意义不足等。

接下来，笔者从评审专家的视角，阐述衡量文献综述质量的要点，便于教师更好地理解好的文献综述的标准以及写法。

一、从评审专家视角看综述

作为课题承担者，要明确课题申报书最终是要呈报给评审专家审阅的，因而有必要从评审专家的视角出发，设计、撰写文献综述。好的文献综述，可以达到"让外行看明白，让内行看门道"。

首先，评审专家不可能对每项课题涉及的研究领域都了如指掌，在不了解相关领域的情况下，可以借助研究者所做综述的情况，对研究内容的脉络和文献学术史的梳理有所掌握，对研究基础有所判断，便于进行后续课题论证的审阅工作。

其次，如上文所述，文献综述的一大意义是帮助阐明研究现状，说明研究问题的价值意义以及创新之处，因而评审专家可以根据文献综述的完善程度判断课题的科学性和创新性。

最后，在同类领域没有其他研究者比较的情况下，评审专家可以根据文献综述判断作者的学术功底和对相关问题的把握程度。

由此看来，一篇结构严谨、论证富于逻辑性的文献综述可以为课题增光添彩，更容易获得评审者的认可。

以北京市教育科学规划领导小组办公室课题申报书举例，申报书的总字数大概为4000字，其中文献综述部分占据整个申报书的1/3左右，一般分为800字、1000字和1200字三种情况。那么，怎样做好综述，才能避免文字堆砌？

下文将对此问题予以解答。

二、文献来源

文献的质量固然最终决定于作者的加工能力，但是前期查阅文献工作的质量以及综述的行文结构一并构成了高质量文献综述的基础。

文献综述撰写之前，需要获取与研究论题相关且对研究具有参考价值的目标文献，所以对研究对象做严格限定和目标文献的仔细确定，是在海量信息背景下提高文献查阅效率的前提条件。这首先涉及文献检索的范围。大处着眼国内外，是衡量综述价值的首要标准。"综述"的一般界定，"对本课题的历史研究状况进行梳理和归纳，包括国内和国外的研究情况"，也就是要了解别人对该课题作出了哪些具体的研究，以明确下一步研究思路。显而易见，具有国内研究现状和国外研究现状两个范畴是评审专家进行综述质量评价的最显著要素。

通常来讲，人文社会科学获取文献资料的渠道分正式渠道和非正式渠道。正式渠道包括图书馆、博物馆、数据库与期刊网、专业会议论文库等，非正式渠道包括个人联系（田野作业和民族志考察）、恳请邮件、互联网搜索等。目前，互联网在学术研究中发挥着越来越大的作用，提供了很多方便。除了正式数据库之外，还有一些科研机构的公众号平台等，这些是搜索某一研究领域代表性学者及高质量文献的好帮手。

值得注意的是，许多教师在进行综述时，查阅文献的范围出现了两个漏洞。

首先，主要集中在**期刊论文**、**学术著作**和**学位论文**，而对**研究报告**、**研讨会论文**、**政府部门的资料与数据汇编**、**国家政策文件**等关注不够。实质上，就学术研究而言，后者与前者同等重要，甚至对于某些特殊的专题研究，后者可能更具价值。例如，国家出台的教育政策、教育发展规划等，不仅包含过去相关的教育研究成果，而且也蕴含着各种教育研究的热点、焦点、前沿问题，是未来研究不可忽视的文献。

其次，对于国外文献的查阅不足，导致研究缺少国际化视野。其实，对于一些国外研究文献，可以从 Web of Science、EBSCO、JSTOR、Arts & Humanities Citation Index、Proquest Digital Dissertation、Periodicals Archive Online 等平台获取资料；还可以通过搜索结果的链接找到引用了相关文献的论文，这样也是一种以时间顺序考察学术发展及文献间相互关系的好方法。

三、文献综述的结构

从文献综述的结构来看，完整的文献综述主要包括引言、主体、总结和参考文献四个部分，这四个基本部分使得文献综述具备一定的逻辑性。与此同时，还要在错落有致的层次中紧紧抓住课题主题这个"龙头源泉"，使综述的每个部分都围绕这一课题主题进行叙述，实现有高度、有精度、有深度的目标。

1. 引言

引言部分是说明文献综述写作的目的和范围，勾画出综述的整体轮廓，必要时要说明课题的研究现状、争论的焦点以及发展趋势。从写作规范来讲，引言不宜过长，应用简洁的文字交代清楚文献综述的基本范围和内容，表明文献综述的学术价值和实用价值，以此使评审专家对该项研究有大致了解，进行合理、审慎的判断。

例如，《新课程背景下生物学"系统化"教学实践研究》文献综述引言部分。

《新课程背景下生物学"系统化"教学实践研究》是在新一轮课程改革背景下提出的课题，旨在通过一系列有针对性的行动研究，促使生物学科在高中阶段进行系统化教学，并将该研究成果及时应用于实践以促进教学有效提升。该课题的研究需要预先解决"生物学科新课程标准的系统化理解""综合运用维果斯基最近发展区理论和发展心理学中的信息加工理论思考、理解学生的现实问题""生物学知识的系统化理解"等三个方面的问题，在解决这些预先问题的过程中，我们使用"中国期刊网全文数据库"查询了有关维果斯基最近发展区理论和发展心理学中的信息加工理论的论文及"系统化"教学的相关文献；并与专家进行访谈，进一步了解新课程标准的导向；还通过搜索"生物学知识系统化"的相关论文解决生物学知识系统化的具体问题。

2. 主体

主体是文献综述的核心，这一部分的主要内容应该呈现对所研究主题的研究历史演变、研究现状、争论以及焦点所在，并通过特定视角对这些作出适当的评论。在行文时要求研究者运用一定的分析、归纳和总结能力，对分散在不同材料中的论点、论据进行整合，并依据一定的思路呈现出来。也就是要清楚揭示材料之间的意义联系，避免单纯的引用和罗列。最重要的是，要求研究者以专业的立场和独特的视角审视现有研究的成果，用有条理的、批判的视角比较其优劣，评述其利弊，使文献综述对自己今后的研究起到奠基作用。

例如，课题《基于STEAM理念的〈三维设计与创意〉课程实施探索》，申报人在综述前人研究成果后，给出了自己的理性分析，从课程类型、课程目标和课程实施方面，对前人研究成果进行了梳理和总结，并予主动思索和评论。

3. 总结

总结也叫作结语，这一部分的任务是简明扼要地对全文论点进行总结性概括，应着重说明当前特定研究尚待解决的问题和完善的版块，并得出阶段性的结论，同时要阐明本项研究的预期研究方向、预期研究成果、研究价值及意义。

例如，《元认知策略在初三化学教学中应用的研究》文献总结部分中，既肯定了前人的研究成果，又指出了前人研究的不足："综合现有研究的结果，可以确定元认知能力水平的高低，与化学学业水平有正相关关系。通过有意识地训练学生的元认知能力，可以有效提高学生化学学习水平。笔者发现，已有研究方向是一致的，内容也有相似之处，多以元认知理论特别是元认知结构为依托，探寻元认知培养的可行措施。现有研究的不足在于，理论探讨比较笼统，或是对元认知理论的梳理，或是教学经验总结反思与提炼，实证研究大都采用训练加问卷测评与统计数据分析的研究模式，研究报告欠缺对培养策略详尽的设计，也缺少具体的实施细节。"

由该部分内容可见，申报人将前人研究的不足之处，作为自己研究的关注点，提升了文献综述的水平。

4. 参考文献

参考文献的数量和质量一定程度上能够反映整个文献综述的水准，因而参考文献的选择应该具有典型性、代表性，能够充分说明研究问题的范围和程度。参考文献的格式与一般的论文参考文献格式类似，有尾注和脚注两种形式，一般期刊发表论文以尾注为主，即把参考文献放在文末。

四、优质综述的标准：完、达、雅

犹如参天大树必然枝繁叶茂，优质的综述也必然"有根有干有树叶"。优质综述的完、达、雅标准中，所谓**"完"，是指综述的结构完整；"达"，是指综述要逻辑通达；"雅"，是指综述要生动自然，具有独特的写作风格。**

（一）综而有述，述而有评

撰写综述之前，必须充分理解已有的研究观点，并用合理的逻辑（或是时间顺序，或是观点的内在逻辑、相似程度等）将它们准确地表述出来，即述评结合。

实践中，一些教师进行综述时往往陷入只综合而无述评的误区，这种罗列或者杂糅的逻辑会使研究陷入泥潭，难以走到学术前沿。

1. 避免陷入两个误区

通过胡东芳对文献综述质量"好的"与"差的"标准的区分（见表4-1），可以将文献述评的两个误区归纳为——综而不述，述而不评。

综而不述，即只是将前人研究观点或结论进行简单罗列，是一种未经系统分类、归纳和提炼的描述；述而不评，即虽然按照一定逻辑进行了归纳总结性描述，但缺少自己的原创观点，无法达到通过分析、评说甚至批判而发现和确立课题选题的目的。

表 4-1 文献综述质量"好的"与"差的"标准[1]的区分

好的文献综述	1. 对相关的研究观点、研究方法、结论进行分析，发现其中存在的不足与盲点，从而找到自己研究的起点与创新点。 2. 可以使研究者在现有的研究与前人的研究之间建立起内在的逻辑联系，帮助研究者进一步提炼问题、集中研究问题、确定基本的概念与变量、寻找适当的研究方法、并发展适合该研究的分析框架。
差的文献综述	1. 简单地罗列他人的观点，提供的是某方面摘要的"编年史"。 2. 未能将论文的主题和创新点作为主线来筛选和评价文献。 3. 对他人的观点不做分类与综合。 4. 对他人的观点不做分析与评价。 5. 无法在他人观点基础上合理地形成自己的观点，或无法建立起自己的观点与已有相关观点的内在逻辑联系。

2. 述而有评的内涵

一篇优秀的文献综述必须有述有评。述是阐述当前研究问题的形势，即所研究领域的现状；评是对当前研究问题形势的解读，通过讲述自己的观点，表达自己的主张，收到启示效果。

述而有评，就是以观点集成材料，即在充分阅读消化材料的基础上，形成自己的观点和看法，并据此选择和安排写作素材。这是在"述"的基础上增加了"评"的成分，可称为"述评"或"评述"。当然，无论是综述还是述评，作者都会有自己的观点，但要形成明确清晰的观点、思路和线索，仍需要有一定深度的思考和研究。从这个角度说，好的文献综述具有丰富的原创性和独特的学术价值。因此，文献综述应该通过述评结合的形式，引导出对课题今后发展动向或趋势的说明。

3. 述而有评的逻辑思路

一篇完整的文献综述应具备基本的核心要素。

---

1 胡东芳：《教育研究方法：哲理故事与研究智慧》，上海，华东师范大学出版社，2009。

第一，对研究问题和主题的基本界定，如问题的由来、源流、背景、范围、对象、方法、材料等，以及学者对这些问题和主题的不同理解。

第二，对问题和主题的总体的量化描述，包括发展状况、发展趋势、涉及的主要观点和主题及其演变、研究方法的使用等。

第三，对文献中比较集中的具有代表性的观点进行述评。

第四，指出文献中存在的不足和局限与下一步研究建议。

由此可总结出文献综述的评价链条，如图4-3所示。

图4-3 文献综述的评价链条

特别需要注意的是，评述部分在课题末尾要设置单独的一节，引出课题中蕴含的新趋势、新视角，体现研究方向上的指引。例如，某一节的开头进行概括性的叙述和背景知识的介绍。每一节的末尾简要说明这一节相关领域的潜力和主要问题所在。评的时候一定要有原创性观点，这种提出了新命题或概念性理论模型的文献综述具有较高的价值，能为后续研究指明方向与重点，亦使课题变得有骨有肉。

综上可知，文献述评的总体思路是：总揽全局线索清晰——形成自己的总体思路和论述线索。力求做到全文有思路、段落有归纳，尤其要避免材料堆砌、归纳小结不足；结尾有评析，要避免大而化之、笼统空泛。

（二）画龙点睛聚焦关键词

在文献综述中，关键词有画龙点睛的作用。综述的整体结构遵循总分总的基本原则，在这一框架下，关键词是如何作为切入点串联全文，使综述充满灵魂的呢？

1. 聚焦关键词做好综述

利用关键词，对综述进行解构与建构，具体可遵循如下步骤。

第一步，关键词体现选题最中心的思想，因而要直奔主题，围绕关键词寻找其最近发展区。

第二步，在众多文献中，找到亲属关系的经典文献。

第三步，将文献分门别类，进行归纳整理、分析评价，形成综述。

2. 关键词使用注意事项

在聚焦关键词时需要注意以下几方面的问题。

第一，不能反映研究特点的词不要选。如"策略""研究""分析""探讨"等，这些词一般课题题目都有，太一般化。

第二，"词"的特征不明显的用语不能选。如"我省""我校""加强""提高"等。

第三，关键词之间不要重复。如"教学实践"和"实验教学"，两个词中都有"教学"，明显重复。可以把"教学实践"改成"实践能力"，或改选其他关键词。

第四，不要把句子写成关键词。如"培养核心素养"，这明显是一句话，而不是词。

第五，在不影响词义的前提下，关键词应该尽量精炼，选择最小化的词单位。

（三）结构特点

优质综述的结构应符合下述特点。

主心骨：结构坚韧挺拔；

精气神：独到创新见解；

源头：学术发展史脉络；

高度：较高水准的观点；

深度：权威代表共识；

新度：趋势判断精准。

（四）神来之笔写我心

文献综述要体现自己的价值判断，敢于述而有评，敢于表达对所研究问题的独到的理解、思考与观点；综述的目的在于从综述文献中获得启发，对所研究问题的深度与广度有所了解，充分全面地掌握所要研究问题的已有相关研究成果，在此基础上，形成自己的研究预期和价值判断。另外，综述应注重遵循国内和国外、理论和实践的逻辑分类，运用笔墨进行传神表达。

总体来看，尽可能从最原始的出处来引用他人的材料，不要轻易地进行资料的转引。此外，引用文献时一定要遵守相应的学术规范。

第一，所谓利用文献能力的"集大成者"，指的是研究者利用文献的目的不仅在于获取他人已有的研究成果，还在于发现隐藏在材料背后的人们对某一复杂问题的认识与理解、分析与综合，从而能够在综合前人成果的基础之上，博采百家之长，进而形成自己的独到的研究思路并概括出全面、深刻、独到的结论。

"集成"毫无疑问是其中一个浓缩的关键词，经过有目的、有意识地比较、选择和优化，使得两个或两个以上的集成要素及其优势能够充分发挥效果，从而使集成体的整体功能实现效能倍增。综合集成绝非简单的罗列堆砌，更不是僵化的生搬硬套，而是融合与创新。

第二，分析并模仿课题研究整体设计的思路，即模仿别人在开展课题研究时思考问题的条理和线索，用以拓宽自己的思维空间。分析并模仿研究问题的选择、取舍的思路，即模仿他人在开展课题研究时发现问题、取舍研究材料的方式和方法，用以训练自己的选择问题、确定问题的能力。

第三，遵守文献使用的学术规范。学会引注别人著作的方法，避免剽窃行为。学会使用省略号的方法以缩短引文。"尽管引文必须精确，但你还是可以将它们缩短，前提是你必须遵循两条规则：其一，你的截取并不改变引文意思。其二，你必须向读者清楚地说明你在什么地方省掉了哪些语句。"学会用自己的话来转述他人观点的方法以保持写作的流畅。学会用言简意赅的综合概括他人观点的方法，以保持写作的精炼。学会遵守规范标注和著录参考文献相应的规定以维护利用文献的学术道德规范。

第四，"化作春泥更护花"。所谓"化"指的是在利用他人文献时，能够吸收其精华，合理地将其材料作为养料而"化"出自己的观点，或"化"为自己的研究与写作能力。这一能力层次的文献利用实际上是改进型的创新，即在充分学习、积累和消化吸收他人好的材料、好的研究思路与写作思路后，研究者逐步减少对他人材料及思路的依赖，开始结合自身研究的特点与需要，对他人的材料、研究思路与写作思路进行一定程度的改造与创新，从而更好地为自己的研究服务，为提升自身的研究能力服务。

第五，利用文献能力的最高层次是能清晰地发现他人文献背后的研究思路与写作思路，因为在大量文献的阅读中，我们往往自觉不自觉地意识到：同样一个研究问题，不同的人有不同的研究思路，不同的人也有不同的写作思路。如果能对此有着清醒的认识，对他人的思路加以归纳总结，就可以明白每一类研究思路与写作思路的优点与不足，并在借鉴他人好的研究思路与写作思路的基础上，结合自身的学科背景、研究能力、写作能力和所研究问题的需要，对他人的研究思路与写作思路进行创新，最终形成适合于自己的且具操作性的研究思路与写作思路。[1]

第三节　文献综述写作案例点评

三人行，必有我师焉。做好文献综述的前提是学会欣赏和学习他人的成功经验，学会分析与点评他人综述，总结和摘选好的方法借鉴为己用。

-------------- 案例4-1:《基于价值观教育的中学博物馆课程体系构建》文献综述

国内外学者对博物馆教育进行了不同类型和层面的分析和研究。北京博物馆学会组织编写的《博物馆社会教育》（2006）探讨了博物馆教育的原则、规律等。杨丹丹、阎宏斌的《博物馆教育新视阈》（2009）积极探索了博物馆教育的新途径。周婧景的《博物馆儿童教育：儿童展览与教育项目的双重视角》（2017）对博物馆儿童（0～18岁）教育进行了深入、系统的研究。很多期刊论文相继从各个层面对博物馆教育进行了探讨，如《建构主义与博物馆教育》（2003）、《中国博物馆与学校的合作机制研究》（2014）等。

博物馆和教育行政部门及中小学校之间的合作已在北京、上海、湖南等多个省市展开，并形成一些成果。小学已经出现较为成熟的课程，如北京史家小学与中国国家博物馆共同开发的优秀传统文化养成课程。中学如长沙六中与湖南省博物馆专家共同开发了20课时的《湘风楚韵》及35课时的"漆之魅"漆绘课程等。北京市教委按照《北京市中小学培育和践行社会主义核心价值观实施意见》（京政办发〔2014〕52号）要求，于2014年启动"四个一"活动。

就目前博物馆教育的现状来看，我国博物馆课程可分为"参观＋任务单""引导＋体验""探究＋发现"三种课程模式，其中"参观＋任务单"以历史博物馆课程为主，"引导＋体验"适合各种博物馆的课程，"探究＋发现"以科学博物馆课程为主。[2]

综上所述，近年来，无论是博物馆还是学校，在博物馆教育方面都进行了一些理论和实践上的探索。博物馆资源开始大量引入学科教学中，特别是

1　胡东芳:《教育研究方法：哲理故事与研究智慧》，上海，华东师范大学出版社，2009。

2　柏安茹，王楠，马婷婷，齐亚珺:《我国博物馆教育课程设计现状及发展趋势》，载《电化教育研究》，2017（04）。

中小学历史、美术等学科的教学；相关单位进行了专题教育活动项目的开发，如研学旅行中加入博物馆资源、学校学生参与博物馆志愿讲解员的培训与服务；由学校组织学生到博物馆"上课"；博物馆制作展板，将博物馆教育送进学校；博物馆与学校合作就某一专题构建校本课程等。

北京是首善之区，博物馆资源丰富，但目前面向北京中学生的博物馆教育还没有形成体系，博物馆资源的课程化开发有待进一步受到重视。基于价值观培育视角，研究适宜于中学生博物馆课程是非常值得研究的问题，国家博物馆课程及其体系不断完善，最直接培育学生民族文化认同，厚植爱国情怀，培育核心价值观。

案例 4-2：《基于实践的中美基础化学教学实验部分（研究视角聚焦）比较研究》

一、期刊检索文献综述

中国基础教育期刊全文数据库收录中国国内约 2000 种基础教育期刊和综合期刊的全文。在其中分别输入"基于实践的中美基础化学教学对比研究""中美基础化学教学对比研究"，无论按主题、篇名、关键词、摘要哪种方式检索，均没有结果。最后按主题检索，输入"中美化学"，仅检索到 30 篇相关文献。

检索到的 30 篇文献中，最早的是 2003 年杨卫东发表在《课程教材教学研究（中教研究）》上的"中美化学教材部分内容的比较与思考"。国内对于中学教师化学教学而言，较有影响力的四大期刊是《化学教育》《化学教学》《化学教与学》和《中学化学教学参考》。笔者对从 2006 年至今的 10 年间发表在四大期刊上的文献进行了分类整理，见下表：

年份	化学教育	化学教学	化学教与学	中学化学教学参考	合计
2006—2008					0
2009		2			2
2010	1				1
2011	2				2
2012	3				3
2013	1		1		2
2014				1	1

续表

年份	化学教育	化学教学	化学教与学	中学化学教学参考	合计
2015	1				1
2016		2	1	1	4
合计	8	4	2	2	16

上表数据显示，近10年发表在四大期刊上的相关论文总数只有16篇。其中《化学教育》杂志位列榜首，从2010年到2016年，共发表8篇（其中不含笔者在其2016年21期发表的相关文章）。可喜的是，总体而言大家对这个领域的关注呈现曲折式上升态势。

近3年的发表在基础教育期刊和综合期刊上的所有文献共有11篇，主要涉及"物质的量""原子结构""水果电池""反应中能量的变化""氧化还原习题比较"等的单课例研究，内容集中在国内高一化学的教材范围内。

具体而言，其中孙安龙的《中美化学教材核心概念设置的比较——以"物质的量"概念系统为例》从内容组织、知识总结、课本习题三个角度对中美两国教材中的核心概念"物质的量"这一概念进行系统比较分析，发现美国教材更注意从多角度（如实验、类比、样例等）引导学生主动建构核心概念；赵晓彤和宫丽红的《中美教材中氧化还原反应习题的认知水平比较》运用布卢姆对认知目标的分类法，从三个水平即记忆水平、理解水平、探究性理解水平对中美教材习题进行分析。通过分析得出在中美化学教材氧化还原反应习题的比较中，美国教材习题在数量、学科间的结合、题型的多样性、语言叙述这些项目上做得比较好，中国教材则更注重基础练习，中美化学关注的侧重点不同；刘玉荣和高瑞芳的《中美化学教科书中生涯教育思想的渗透比较与分析》对美国高中《化学概念与应用》和我国高中课程标准人教版、鲁科版、苏教版共4种化学教材里生涯教育内容进行比较，从功能定位、目标定向、对象呈现三个维度对中美两国的价值取向进行了分析，为我国高中化学教科书中生涯教育栏目的设置提出建议；丁浩的《中美化学教材习题系统的比较分析——以"化学反应中的能量变化"为例》以"化学反应中的能量变化"为例，按照例题、课堂练习题、课外复习题和测试题的分类，比较我国现行苏教版高中化学教材和美国主流高中理科教材 *Chemistry:Concepts and Applications* 习题系统的特点，同时针对教材习题系统的开发和运用提出一些建议；尉言勋、李学强和吴晓红的《中美化学教材中"水果电池"的比较与反思》对新课标高中人教版教材和美国主流教材《化学：概念与应用》两国教材中"水果电池"进行了比较和分析，在教材实验的基础上，对"水果电池"影响因素进行单一变量的探究；高慧、王骄阳、闫春更和周青的《基于 FLOW MAP 的中美化学教材难度比较——以学科核心概念"物质的量"为例》采用 FLOW MAP 对中美四版化学教材中"物质的量"概念体系内容难度进行了测量与评价。定量统计表明，中国教材的整合广度较美国教材高，表征深度较美国教材低。质性评价表明，美国教材的概念组织与整合设计以"化学计量思想与方法"演绎为内核，中国教材则以"物质的量相关概念的逻辑关系"演绎为内核；美国教材的内容表征注重情境线索搭建与类比思维的嵌入；马敏娜的《中美初中化学教材的比较与分析》从教材习题、教材栏目、教材插图和章节主要内容等多维度分析中美化学教材编写特点；汤小梅的《中美化学大学先修课程设置衔接功能比较研究》对比了中美化学先修课程的理念目标、课程内容、评价方式等。

　　由以上整理可以看出，目前国内的相关研究数量少，关注点分散，理论研究多，可供一线教师借鉴并用于课堂教学的实践研究内容少。极少的课堂教学研究如《中美化学教材中"水果电池"的比较与反思》，是课堂的单课例研究，缺乏整个课程研究的系统性，同时缺乏专注的深入实践研究；另外，借鉴的美国教材也仅限于目前有中译本的《化学：概念和应用》，范围较窄。（有述评分析，为我所用）

　　二、硕博士论文检索文献综述

　　笔者在中国知网所有硕博士论文中以主题类"中美化学"为关键词检索，共得 10 篇。最早的是 2011 年的《中美化学教师同课异构个案比较》，接下来 2013 年 1 篇，2014 年 1 篇，2015 年 2 篇，2016 年 5 篇。呈现递增趋势，尤其是 2016 年，比之前一年翻倍增长。

　　其中福建师范大学的詹俊伟的论文《中美两种化学入门教材实验部分的比较研究与实践》最有借鉴意义。文中通过教材的静态对比研究发现，中美两套教材在化学实验理念、实验用品的选择、实验内容的编制上存在差异，各有优势。笔者认为，我国的实验教材编写应该更加明确实验目的与实验所观察的内容，适当修改实验用品，强化学科间的联系，适当增加定量实验的数量，加强安全教育。笔者有两个课例的课堂教学实践，得出结论为：融合中美两国教材的实验教学内容对学生学习化学兴趣有提高作用，且它有利于学生加深对化学实验的认识，提升化学实验能力，并让化学更好地融入生产、生活，提升学生的化学学业成绩。他的论文中还建构了实验内容评价指标。

其余的与本课题有一定相关性的硕士论文涉及的主题有康丽华的《中美化学入门教材编写的比较研究》，肖芸的《中美化学教材习题的比较研究》，邓琴的《中美高中化学教科书中活动设计的比较研究》，朱灵敏的《中美高中化学教材中情境创设的比较研究》。

由以上整理分析可见，中美化学教育的比较研究为全日制教育硕士，研究的美国教材多为有中译本的《化学：概念和应用》，研究较少聚焦在课堂教学，实践案例偏少，缺乏系统性。

三、结论

通过以上文献综述，进行中美基础化学教学实验部分的比较研究还是非常必要的。该研究有以下优点。

基础化学教学覆盖国内初高中和大学先修课程的化学教学，具备系统性。

鉴于化学的学科特点，专注研究实验部分，有针对性。

借鉴美国多版本教材原著及国外相关网站原版资料，有广泛性和时效性。

课题组一线教学成员在高考体系和中美课程体系已进行多年课堂教学，有实践性。

故本课题的研究强调"基于实践的"，目的在于区别于大学教授进行的比较教育理论性较强的研究。其提出源于实践，最终也期望将研究成果指导和再次应用于实践。

案例 4-3:《中小学教科研对学校发展影响研究》

国内外当前的理论研究主要围绕中小学教育科研的内涵、价值、作用、特征、问题、策略等展开，实践研究主要指向教育教学过程中的问题解决、理念落实、经验总结、质量提升以及路径探讨等。而对于科研兴教、科研兴校，即科研成果对学校发展的影响力的研究方兴未艾。

一、国内研究进展

在内涵和特征上，方先培、刘敏岚、孙菊如等一致认为，学校教育科研都是基于具体的问题，从学校教育教学实践出发，为提高学校办学质量而采取一系列的科研活动。概括起来讲，其区别于其他教育研究，至少具有实践性、校本性、日常性、群体性等四大特点。

在成果形式和价值上，李家成等认为，"科研成果表现为两种形式：教师教育实践和学校发展实践的重大变革，以及书面形式的论文等"。郑金洲等认为，学校教育科研的价值在于，"可以解决学校实际问题、提升教师教育教学水平、促进学校的持续发展，在推动改革、提高办学质量、促进教师和学生发展上有重要作用"。

对于质量提升，曾君、娄赫民、周殿臣等提出了：要以校为本，有全体教师的参与；形成学校的办学特色；推进学校教科研制度建设；完善科研成果的鉴定、评价和激励机制；促进成果推广应用，讲求价值效应等建议。

在实践探索上，自20世纪90年代开始，科研兴教、科研兴校、科研强师、创新驱动逐渐成为我国教育界的共识。科研成果和质量成为教师和学校发展评价的重要指标。比如，在北京市"教授级中学高级教师"的五条评审条件中，专门有"教科研工作的要求"的条目。而北京市的中小学品牌学校，如北京十一学校、人大附中、中关村一小等，无不依靠科研引领推动着学校持续高位发展。

二、国外研究进展

在理论研究上，从选题和内容看，国外注重学校教育科研、学生个体、学生群体、课程领域和课堂中呈现的社会性问题；从科研主体看，认为学校教师是教育科研主体，并通过学校建立科研共同体，与社会各界人士进行合作式研究；从性质与方法看，国外研究者多在学校情境中开展应用研究和现场研究。

在实践探索中，教育发达国家采取了一系列行之有效的方式推动教育科研对学校发展产生积极影响。

在组织引导上，通过设立项目、研究组织的形式推动。美国科学促进会于1985年推出覆盖全国基础教育的2061计划，由中小学教师、大学教师和中小学生家长共同参与。日本的中小学校大都设立研究会、教学研究会等教育科研组织，采取由教师分工研究有关课题，共同发表研究成果等方法进行推动。

在要求与评价上，通过强调校长和教师的科研素质来推动。德国要求校长必须是教育和教学的专家。英国规定中学校长的主要任务之一是学术性事务，即编制课程、指导教学与科研。日本学校在教师评估中，教师的教育科研能力是一个非常重要的指标。

在方法路径上，强调中小学与大学或教育科研机构的密切合作。一方面重视高校科研成果在基础教育实践中的推广与应用。另一方面，在教师专业发展上推进大学与中小学合作的"U-S合作模式"，如英国的教师伙伴学校、美国的专业发展学校。

纵观国内外理论与实践研究现状，当前主要存在如下问题。

其一，在我国，学校教育科研诸多共性问题：有行动无研究、有研究无成果、有成果无转化、有定性无定量、有叙事无提炼、有课题无问题、有师本无校本、有分析无元分析等。

其二，就影响力而言，我国中小学教育科研还存在对学校发展的推动作用有限，成果转化率不高等问题。关注教育科研影响力，特别是中小学教育科研对学校发展影响力的研究还不够。同时，缺乏系统的教育科研影响力评价体系，也缺乏对科研成果有效影响学校发展的实践模式系统探究和总结。

第五章

开题蓝图设计与中期方案实施

实施阶段主要做好开题报告、中期报告撰写。课题开题犹如项目设计的施工图纸，主要把握和做好以下几方面：把关课题的计划性、路径的科学性、方法的恰当性、计划的执行性、分工的合理性、现实的可行性、成果的预期性、经费的保障性。

课题中期，要正视理想和现实差距，抓住"中期表白无悔，以免结题后悔"契机，客观判断阶段性目标达成度，课题研究确有困难的时候，要及时向管理部门申请调整研究方案和目标，申请延期结题或者调整研究计划，给课题研究留有弹性时间和充足空间。

第一节　开题蓝图设计：开题价值与意义

一、开题论证的价值与意义

开题论证是课题研究的重要环节，组织专家对课题研究方案进行系统的分析、评价与完善，有助于确保课题研究的正确方向，提升课题研究质量。

（一）聚焦细化课题研究选题

"方向比努力更重要，能力比知识更重要"。对于中小学教师的课题研究来说，更要注重课题研究的选题，开题论证是进一步聚焦、细化研究选题的重要机会，能为后续课题研究奠定方向和基础。在开题论证过程中需要明确回答"我具体要研究什么"的问题。

针对这个问题，可以从以下几点出发。

一是要把关"价值性与方向性"，价值性就是课题研究能够解决什么问题，对于改进教育教学实践有什么价值；方向性是指课题研究要能体现出未来教育教学发展的正确方向，以及目前教育领域各项政策改革的基本导向。

二是要关注"研究意义"，包括理论层面的研究意义和实践层面的研究意义，中小学教师的课题需要更加突出解决实践问题的意义与价值。

三是判断"预期研究成果"，课题开题论证过程中，需要重点回答能否取得预期研究成果的问题，部分课题虽然设计了较为丰富的预期成果，但是能否有效实现，需要经过专家的充分论证。

（二）深入完善课题研究方案

开题论证会主要是听取相关领域专家的指导意见，内容上以课题研究方案为讨论对象，包括研究内容的分解、研究方法的选择、研究路线的设计以及研究资源的保障等方面，旨在帮助课题组完善研究方案，确保研究方案的可行性和实施价值。

开题论证会是一个充分交流的过程，专家们会对课题研究方案中的问题与不足提出建议，明确具体的修改方向，同时课题组成员也可以就课题的相关疑惑进行咨询，专家给予相应的指导与建议。经过专家论证，课题组能收获专家对研究方案的详细建议，有利于进一步完善课题研究设计，避免课题研究开展过程中可能出现的失误，保障研究顺利进行。

（三）研究方法的培训与指导

开题论证的过程，也是对课题组成员进行研究方法培训的过程。专家们对课题论证点评时，通常聚焦于以下几个方面：研究选题是否过大，课题组是否难以驾驭；研究内容是否有针对性，是否能够聚焦研究主题；研究方法是否恰当，可操作性如何；研究目标是否过多，能否按时结题等。上述内容的分析与点评，不仅有助于完善课题研究方案，还能够提升课题组成员对课题研究的认识、对研究方法的掌握以及对研究内容的聚焦等能力。因此，开题论证会不仅是一种形式，更是课题组获得专业指导、避免走弯路的良好机会，需要高度重视，充分利用专家资源，为后续扎实有效的课题研究奠定基础。

（四）提升课题研究的科学性

尽管中小学的课题研究主张"小""实""新"，侧重于面向应用、解决实践问题的行动研究，但是不管什么层次的课题研究都需要遵守基本的研究规范。开题论证会不仅是规范课题研究的一个环节，更是保障课题研究规范性和科学性的重要措施。严格的开题论证会通常会对研究过程中可能出现的问题作出科学预测，使研究方向更加明确，为后续的课题研究做更加充分的准备，从而保障课题研究的科学性和可行性。在这个过程中，也会促进课题组成员对课题研究流程、方法及观念意识的改变，提升研究能力与水平。

（五）课题研究的宣传与动员

好的开题论证，是课题成功实施的一半；开题论证的基础打好了，不仅有利于保障后续研究计划的有效实施，也有助于提高课题组成员的研究自信和实施动力。因为很多中小学教师觉得课题研究有些陌生、有些神秘，缺乏开展课题研究的自信心和积极性，对课题立项后如何开题研究往往考虑不周。而开题论证会则会对课题研究的内容、方法及实施策略等问题进行充分讨论、修改，帮助课题组成员理清思路、明确任务分工和目标要求。因此，开题论证会还是一个动员大会，有助于解决课题组成员的研究困惑，使课题组成员建立自信心，迅速进入研究状态。

（六）确保课题研究方案的可行性

课题开题报告是课题组对未来课题研究的内容设计、方法选择、实施路线及资料获取、任务分工等方案的说明，开题论证会需要对开题报告的相关内容进行充分讨论。开题首先需要回答的问题是，课题研究方案的可行性，以及课题组能否按照课题研究方案进行有效实施。

具体内容包括以下几点。

一是"把关计划性"，即对课题研究的整个实施计划进行把关、诊断，对研究时间阶段的划分、研究目标的任务设定、研究资源的实施路线等方面进行充分论证，确保研究计划的科学性和有效性。

二是"论证可行性"，即对开题报告的方案设计进行可行性论证，尤其是从研究内容是否过于宏大、研究方法是否可以操作、研究目标能否实现等方面进行论证。

三是"确定实施性"，即对整个课题方案的可操作性、可实施性进行论证和确定，避免设计形式精美、实施过程粗糙的问题。课题评审专家曾提及，"选题既要考虑必要性，也要考虑可行性。在开题论证的过程中，一般都能关注研究的价值性，而且往往会从应然的角度论证开展本项研究的必要性，由此展开诸多需要研究的问题和内容。课题研究如要顺利开展，还需要关注可行性，即在有限的时间之内，基于现有的条件能否完成研究目标。如果完不成，就要缩小研究范围或减少研究目标和研究内容，以便顺利完成研究任务"。

二、开题论证的基本程序

（一）课题开题相关要求

课题管理单位通常要对立项课题开题作出具体要求，主要包括开题时间、开题报告要求、组织开展论证会、提交材料等内容，以北京市教育科学规划课题为例，其中就详细规定了开题要求，这对不同类型、不同级别的课题开题有一定的参考价值。2022 年 9 月，北京市教育科学规划办印发《关于北京市教育科学"十四五"规划 2022 年度立项课题开题工作的要求》，简要整理内容如下。

1. 开题时限

课题管理部门及课题负责人接到立项批准通知后，应在 2 个月内（2022 年 10 月 30 日前）举办开题会议，并在北京教育科学规划网上填写相关信息。

2. 报告撰写

（1）课题负责人按照《北京市教育科学规划课题开题报告提纲》的要求认真

撰写开题报告。

（2）课题负责人不得擅自变更课题题目与研究内容。确需变更，需在课题管理系统中填写《北京市教育科学规划课题重要事项变更申请审批表》并提交纸质版报我办审批。

3. 会议组织

（1）组织主体与组织形式。

重大课题开题会由规划办直接组织；其他类别课题的开题会由各单位课题管理部门组织。优先关注课题的开题会，须提前一周由课题管理部门向规划办提出书面申请，获得批准后方可组织开题。其他类别课题的开题会，由课题负责人向所在单位课题管理部门提出书面申请，填写开题申请表，获得批准后方可进行。

（2）聘请专家的要求。

课题负责人聘请在相关学科领域具有较高学术水平和良好职业道德的同行专家作为开题专家，专家组成员不少于3人。重大课题、优先关注课题、重点课题、青年专项课题开题聘请的专家组成员均须具有高级技术职称；校本课题、一般课题开题聘请的专家组成员不少于2名高级技术职称。开题专家应根据开题的实际，提出具体、可操作的建议，并填写《北京市教育科学规划课题开题会专家建议表》。

4. 上传资料

开题会后，课题负责人应于2022年10月30日前登录北京市教育科学规划网，在课题管理栏目中填报修改后的《北京市教育科学规划课题开题报告》，并将《北京市教育科学规划课题开题会专家建议表》原件扫描图上传至"北京市教育科学规划课题管理系统"。

（二）开题论证会的程序

1. 管理层面的开题论证会程序

北京市教育科学规划办制定了"十四五"期间北京市教育科学规划课题的开题流程，该图比较清晰地呈现了课题管理层面的开题论证会程序，以及相关的管理细节要求（见图5-1）。

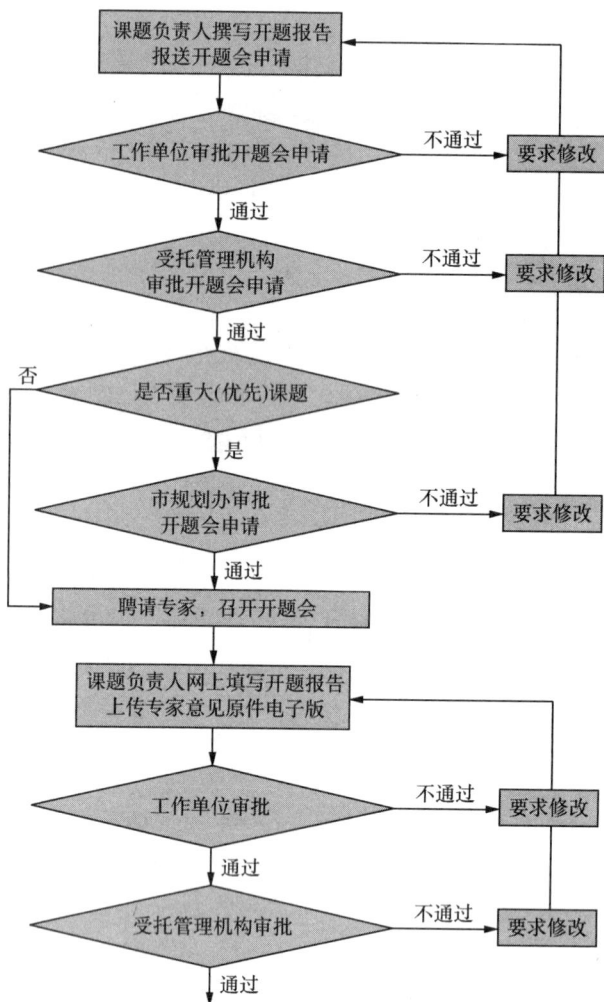

图5-1 "十四五"期间北京市教育科学规划课题的开题流程

2. 组织层面的开题论证会程序

作为课题主持人,课题立项之后需要组织专门的开题论证会,其组织程序没有完全固定的形式,通常包括宣读立项通知书、主持人汇报、专家点评、课题组表态等几个环节。其中,比较重要的环节在于专家点评。专家需要在阅读课题开题材料基础上,形成专家建议要点,具体包括文献分析是否全面、系统;研究目标是否清晰,研究假设是否合理;研究内容是否完整、系统;研究方法是否适当,论证分析是否严密;研究设计与实施是否规范、可行;预期的研究成果是否明确、可及;其他研究建议等。笔者简要整理了完整的论证会程序如下,可以供其他同类型课题参考、借鉴。

在具体的实践中，也可以适当增加相关环节，比如有的学校还专门增加了课堂观摩等活动。

第一，开题论证会的准备工作。主要包括以下方面：①撰写课题开题报告；②填写开题申请单；③准备开题会专家建议表；④邀请专家、初步沟通；⑤会务准备。

第二，开题论证会的组织流程。主要包括以下方面：①学校相关负责人主持并致辞；②课题立项单位宣读课题立项通知书；③课题主持人宣读课题研究实施方案；④与会专家研讨、指导课题实施方案；⑤主持人小结专家评审意见；⑥课题组成员表态。

本部分以学校一般开题论证会程序为例，整理流程如下。

2023 年 4 月 30 日上午，××小学在大会议室召开了 2025 年××区教育科学"十四五"规划课题开题论证会。

课题负责人分别从课题选题意义、课题内容、研究方法与过程、预期成果及课题研究条件等方面做开题汇报，并就研究中的问题和困惑与专家进行了深入的交流与探讨。

专家们对老师们的开题报告提出了很多宝贵的意见和建议，为课题的研究提供了极好的整体思路和运作方法。通过开题论证会，课题组的老师们进一步明晰了课题研究的思路，增强了做好教育科研的信心。

第二节 开题报告撰写规范及案例分享

"汝果欲学诗，功夫在诗外。"写好开题报告最重要的是做好基础性工作，开题报告的撰写质量取决于申报人及课题组其他成员对相关领域理论与实践的熟悉程度。

一、开题报告撰写规范

（一）陈述课题研究基础

1. 研究缘由

研究缘由要回答"为什么研究这个主题"，有哪些因素促使研究者选择了这个研究主题，研究这个主题能达到什么样的目标等问题。

研究缘由通常围绕三个方面进行撰写：政策导向与社会需求、实践中的困惑与问题、个人兴趣与条件基础。

首先，为保障课题研究的价值，需要中小学教师选择有一定的政策导向与社会需求的研究主题，即好的选题应该符合教育教学改革的政策要求以及当前社会发展的需要，并能回应社会需求。因此在阐述研究缘由时，需要与后者有一定的呼应。

其次，对于中小学教师的课题研究来说，通常需要立足于教育教学实践，研究缘起于实践中的困惑和问题，通过研究把"问题"变成"课题"。所以，研究缘由中一定要有教育教学的现实问题，体现出基于问题解决的迫切需求。

最后，还要体现出个人的研究兴趣和条件基础，即研究者在这个研究选题上比较感兴趣、有深入研究的动力，同时研究者对这个主题有一定的研究条件、研究基础，能够保证课题研究的顺利进行。

我们通过下面的案例进行说明。

案例 5-1:《以探访中国古迹为载体进行多学科资源整合形成初中校本课程研究》选题缘由

1）政策导向：2001 年《基础教育课程改革纲要（试行）》

倡导学生主动参与、乐于探究、勤于动手，培养学生搜集和处理信息的能力。获取新知识的能力、分析和解决问题的能力以及交流与合作的能力。将教学目标指向了从关注学生知道多少答案，发展到关注学生在不知道答案的情况下应该具有哪些行为方式。2016 年 9 月《中国学生发展核心素养》正式颁布。

2）研究导向：裴娣娜《变革性实践与中国基础教育的未来发展》

明确提出应确立的现代课程观：课程是为学生提供学习经历并获得学习经验的观念；以学生的发展为本，构建体现时代特征的课程体系；以德育为核心，强化科学精神和人文精神的培养；以改变学习方式为突破口，重点培养学生的创新精神和实践能力；加强课程的整合，促进课程各要素之间的有机联系。

3）现实需要：基于新课程改革的实践需求

第一，基于学生自身发展的需要。学生对于知识的渴求不够，尊重不够，往往将知识变成功利性的工具，不能真正欣赏到知识的美。在探究问题、实践能力、创新发展等方面还需要有方法有指导地推进。学科间横向联系不够，学生思考问题往往只看到其中一个角度，并不能多方面多角度地思考问题，利用同一资源的不同学科的分析将会提高学生多角度分析问题的能力。

第二，基于教师专业化发展的需要。在信息技术飞速发展的今天，教师不仅要培养本学科的核心素养，还要会处理海量的信息，从中筛选出有意义的信息，进而在与同行交流的过程中进一步获得提升。教师能够从专业的视角去审视生活，阅读生活，感悟生活，并且把这些感悟传递给学生，那必将是双赢的好事情。

2. 理论价值和实践意义

理论价值和实践意义是在课题申报、开题报告等环节中都需要重点考虑的问题，即回答"研究这个课题有什么用"，对于丰富本领域的理论建构，或者对于促进实践问题的解决，有什么样的价值和作用。对于中小学教师的课题研究而言，比较擅长阐述课题的实践意义，而且解决实践问题本身也是课题研究的主要价值和目标所在，只需要清楚表达该课题对于教育教学实践的推动作用、问题解决价值等即可。但是在阐述课题研究的理论价值方面，相对比较困难。因此，建议课题组抓住课题研究的核心概念，在核心概念的基础上采用"概念地图"方式放大阐述范围，通过地图可以了解到自己的研究在整个领域中的位置，在与邻近领域的比较和鉴别中发现研究的理论价值。比如某教师对于语文阅读教学中思维能力培养的研究，理论价值可以放到语文教学的领域中，阐述其对语文教学相关理论的促进作用。此外，在语言上可以使用"丰富了……发展了……"等有研究目标性的短语，但要谨慎使用"首次……开创……"等程度性短语。

我们通过下面的案例进行说明。

案例 5-2：《通过"单元整体教学"提升高中英语教学
有效性的研究》的意义与价值

意义 1：探索教师教学模式。探究符合高中学生身心发展，促进可持续学习发展的英语教学模式。当前的高中英语教学，教师更多关注每个单元中每一个课时的教学，单元课时教学之间缺乏连续性、逻辑性和整体性。不利于学生对语言学习的整体输入和输出，大大阻碍了学生语言能力的提升。而单元整体教学依据系统理论关于"整体功能大于部分功能之和"的学说，势必推动教师在探索新的教学模式上找到方向和动力，为提高教学的有效性提供新的思路和方法。

意义2：改善学生学习方式。本研究在探索英语教学模式的同时，也在着力培养学生探究学习、合作学习和自主学习的能力。通过单元整体教学让学生逐步掌握系统理论最佳的学习策略和方法，即"从整体到部分、再从部分到整体"。整个单元的学习过程分由三个步骤组成：整体的过程——形成单元模糊的整体意象；分解的过程——形成清晰的部分意象；再整体的过程——形成清晰的单元整体意象。学习者通过体验、实践、参与、交流与合作的学习方式形成自主学习能力、良好的思维品质和个性品格，从而为终身学习和发展打下良好的基础。

3. 对相关文献进行系统的综述

文献综述工作是基础性工作中的重要任务，也是中小学教师普遍比较薄弱的地方，在对已有课题开题报告的分析中发现，多数教师在文献综述方面的投入不足，缺乏对已有研究成果的深入梳理和分析。文献综述在整个课题研究过程中是非常基础性的工作，做好文献综述工作，可以避免研究者少走很多弯路，减少做无用功。

开题报告撰写中，如何做好文献综述工作，前文已有专门论述，此处通过具体案例展示文献综述的撰写要求。

案例5-3：《小学思维可视化教学的实践研究》文献综述

1. 国外的研究

对于思维可视化理论的研究，国外主要侧重在工具开发及其使用方面。例如，心理学家诺瓦克出了概念图（Concept Map）技术，而最为人所熟知的思维可视化工具还是20世纪60年代英国心理学家东尼·博赞（Tony Buzan）发明的思维导图。对于应用研究，国外主要集中在"学科教学应用"研究与"思维可视化工具的应用有效性"研究。国外已有的研究中致力于对多样思维可视化工具的开发，并对工具的使用策略提出了许多看法。但与具体学科的结合与应用，仍待进一步的深入研究。

2.国内的研究

思维可视化作为一个专业名词正式进入国内研究者的视野中最早是在2011年。华东师范大学现代教育技术研究所专门成立了"思维可视化教学实验中心"，该中心主任刘濯源也最早对其概念进行了界定。在对其相关研究内容的整理中，笔者发现，国内的研究主要关注思维可视化概念的界定，应用的价值以及具体的应用研究。

（1）概念界定的研究。

思维可视化目前尚未形成一个统一的概念。刘濯源认为，思维可视化就是把认知过程中的思考方法和思维路径通过图示技术呈现出来。林慧君认为，思维可视化是一种以图示化、视觉化、交互式、隐喻性为技术特征的直观化思维的手段。总之，它作为一种新的教学理念和学习趋势，以图示或图示组织为可视化的途径，将学习者思维或思考的路径呈现出来。

（2）应用价值的研究。

思维可视化作为一种新的教学理念，许多学者与一线教师对其价值都做出了相关阐释，主要体现在以下几方面。

① 培养学生高阶思维的"杠杆解"。

学生学习效能的差异与其是否具有高阶学习能力相关，应用思维可视化教学策略是帮助学生提升高阶学习能力的智慧选择。要使学生的高阶学习发生，提升教师的思维发展水平是关键——思维水平高的教师会引导学生去思考，而思维发展水平低的教师则只会灌输。推进思维可视化教学应用，可提升教师的思维水平，让教师在应用中研究，在研究中应用，在改变教学中改变自己，提升自己和学生的高阶思维。

② 撬动新课改，促进深度学习的发生。

思维可视化教学撬动新课改、促进学生深度学习，主要表现在以下方面：聚焦思维，发展思维；图文并茂，思维可视；提炼概括，精简信息。学生通过以上三个方面，能掌握有效的学习策略，并运用其建构自己的学科知识体系，独立解决一些学习问题。

③"学科思维导图"能有效提升教师的深度思考能力。

"学科思维导图"强调结构化思考，关键要点是"提要素、理关系、建结构、明功能"。教师绘制它的过程，是一个概括提炼、深度学习的过程，是对学科知识间的要素、关系、结构、功能的梳理过程，有助于教师深思深学等习惯的养成。

3.具体应用的研究

思维可视化渗透在不同的学科教学以及教学的不同方面是近年来其应用研究的重点领域，取得了积极的研究成果。例如，金施琪等人的研究中，将思维可视化引入初中英语的教学设计中；陕西宝鸡高新三小郭冬梅校长以"学科思维导图"为抓手，全员全学科进行课堂教学改革，使学生的思维能力得到长足的发展。以上的研究都从各方面对其在学科教学中的应用进行了实践探索，并提供了有力的实验证明。

4.当前研究的评述

相对于国外的成熟发展环境而言，国内对思维可视化的应用研究才刚刚起步。尽管我们在理论和应用方面进行了积极的探索，但在各种资料的收集过程中，我们发现思维可视化在国内课堂教学中的运用研究大多还处在理念的推广阶段，其方法主要集中在"思维导图""学科思维导图"的运用上。本研究认为，每个学科都有各自的特点，多样化的思维可视化方法的运用，可以帮助教师找到更符合本学科特点的思维可视化的具体方法；不同年段是否用不同的思维可视化方式；通过思维可视化促进学生高阶思维发展等问题，有待我们做进一步的研究，凸显其应用价值。

4. 课题研究的理论基础

理论基础的价值是发挥课题研究的理论指导作用，确保课题研究在科学的理论下有效开展，在开题报告的设计中需要认真分析课题研究的理论基础。课题研究的理论基础通常是在文献综述工作的基础上提出，或者说在文献综述的过程中发现相应的理论基础。理论基础的来源不仅局限于教育学、心理学等学科，也可以适当借鉴社会学、管理学、哲学等其他学科的经典理论。

选择理论基础的基本原则有三点：一是要确保理论基础的针对性，即理论基础与研究内容的有效匹配性、一致性，不是生搬硬套的搜集理论；二是能够对理论与课题研究的关系做合理解释，至少能够做到自圆其说，体现出理论基础的价值；三是理论基础的选择要体现权威性，不要选择某个学者的观点作为理论基础，因为无法保证其科学性。常用的理论有建构主义理论、多元智能理论、双因素激励理论、人本主义理论等，在选择相关理论的时候还需要进行适当的阐述，尤其是阐述理论基础中与课题研究相关的内容。

案例 5-4：《初一学生"一般学习策略"校本课程的设计
与开发》理论基础

斯滕豪斯(L.Stenhouse)确立的"过程模式"及其理论框架认为，课程
内容的选择可以通过确定各学科领域中的概念、原理和程序来予以完成，而
不必预先规定行为标准；课程研制的首要任务不是确立反映学生最终学习行
为的课程目标，而是通过分析知识本质，确定课程内容和过程原则。在《课
程研究与编制导论》中，斯滕豪斯非常强调课程研制的一般目标和程序原
则。"一般目标"指这个目标只是确立总体教育过程的一般性的、宽泛的教
育目标而非行为性的和最后的评价依据；"程序原则"是作为使教师明确教
学过程中内在的价值标准及总体要求而不指向于对课程实施的最后结果的
控制。

学生的学习是一个主动参与和探究的过程，应把讨论而不是传递作为课
程活动的核心；教师在学生学习过程及结果评价中，应是一个诊断者而非打
分者，评价应以教育主体及知识内在的价值及标准为依据而不是预设目标达
成度的鉴别。过程模式对学生创造性思维能力培养的关注，对理解、探究活
动方式的强调，对教师与学生主体性、主动性的呼吁，使课程研制更加符合
现代教育思想的发展趋势。总之，学生是教育与课程的出发点与归宿，课程
开发必然要顺应学生的发展需求，培养学生的实践能力与创新精神，要在课
程中彰显出学生的主体意义与创造价值。

5. 对相关概念进行界定

界定核心概念是课题申报和开题报告中必须进行的工作，往往也是中小学教
师比较薄弱的地方，有些教师不知道如何界定，有些概念界定得不够准确。界定
核心概念是为了确保课题研究的严谨性，严格限定课题研究对象的范围，以及研
究结果的应用领域。

具体来说，第一，选择恰当的核心概念，拟定课题、研究选题的过程，通常
是对实践问题进行概念化的过程，而概念化形成的课题选题，就是核心概念的主
要来源，如《初一学生"一般学习策略"校本课程的设计与开发》，其核心概念就
是学习策略、校本课程、课程开发等。第二，借助文献综述进行概念界定，即通
过查阅已有研究对概念的界定，选择最适合的概念界定方法，比如学习策略的概

念界定，就需要查阅有关学习策略的研究文献，找出权威期刊或相关专家的界定。第三，对核心概念在本课题中具体指向进行范围的限定，即通过文献综述界定之后，还需要结合本研究的实际情况对其进行二次界定，以此来保障其对本研究的最佳适用性。

案例 5-5：《以探访中国古迹为载体进行多学科资源整合形成初中校本课程研究》概念界定

（1）古迹。在《现代汉语词典》中，"古迹"一词被解释为：古代的遗迹，多指古代留传下来的建筑物。由此可以看出，本课题所依托的载体主要为具有一定历史传承的、具有北京浓厚文化风情的建筑物。在英语中，"古迹"（Historic Site）被解释为具有一定政治、军事或者社会历史的被保护的场所。

（2）资源整合。资源整合就是通过相关的组织和协调把内部相关但分离的部分和外部具有相同使命却相互独立的部分合并成为一个服务系统，最终达到 1+1>2 的效果。这里的内部就是各个学科的教学任务，外部则是指学生的学习任务。由此可知本课题就是将多学科的教学内容和学生的学习行为融合在同一个载体当中，既能满足不同学科的教学需要，也可以培养学生的相关能力。

6. 说明研究方法

笔者分析已有中小学教师的开题报告发现，申报人都能够比较熟悉地呈现出多种研究方法，其中主要问题有两点：一是选择研究方法的恰当性有待验证，二是对研究方法的具体运用缺乏相关的说明和设计。在研究方法的选择上，有些教师罗列了五六种研究方法，但是有些研究方法明显与研究主题是不相关的，或者有些研究方法对于中小学教师来说难以操作，即选取的研究方法不一定最适合该课题研究的需要。在对研究方法的设计上，很多老师只是列出了相应的方法，却不知道如何运用这些研究方法。如很多老师列出了问卷调查法，却不知道如何设计调查问卷，也并未对如何抽样、样本数量、调查范围对象等作出相应的说明。建议教师选择研究方法时，要与整个课题的研究思路相联系，与研究的主题相匹配，选择两三种有针对性的研究方法；同时要对研究方法的实施进行简要说明，体现出研究者对方法运用的清晰思路。

文献研究法。本研究将全面收集国内外关于乡村教师发展的研究文献及典型改革经验，重点关注乡村教师的成长瓶颈、发展阶段、影响因素、补充模式、自主发展、素质提升、乡村情怀等方面，及时了解最新的研究动态与成果，进行国内外发展现状与改革经验的比较分析，为进行乡村教师"自我生长"模式的理论和实践研究奠定充实的文献基础。

问卷调查法。为科学探索影响乡村教师职业认同的关键因素，本研究将以职业认同为因变量，以个人发展、生活环境、福利待遇、管理制度、乡村情怀等 5 个维度为自变量，设计乡村教师职业认同的问卷量表，采用李科特五点量表编制问题，并进行效度、信度检验，保证科学性。本研究选取我国东、中、西部的三个不同省份为样本，每个地区抽取样本 1000 人，定向选取山东省青岛市作为案例城市，问卷 500 份，共计 3500 份问卷。运用 SPSS 软件对结果进行统计分析。一是进行差异性分析，对性别、学科、年龄、家乡与乡村教师的职业认同进行差异性检验；二是进行回归分析，判断 5 个自变量对乡村教师职业认同的影响程度，找出核心的影响要素。

田野调查法。根据我国东、中、西部的地区划分，基于不同的经济社会发展水平，共选取 6 个有特色，且有代表性的乡村地区为案例，计划用半年时间依次对上述地区乡村教师发展情况进行田野调查。采取多种形式的访谈、观察方法，深入了解当前乡村教师的专业成长、职业认同、课堂教学、心理状态、发展需求及面临问题等内容，同时关注地方政府的乡村教师支持政策，以及学校校长、学生、家长、社区居民等利益相关者对乡村教师发展的认识。

案例研究法。以不同地区的乡村教师为个案，进行深度访谈剖析，收集其个体成长、专业发展、课程教学及发展路径等方面的有关资料，以本研究整体的理论架构为引领，深度挖掘关于乡村教师发展的信息资料，为乡村教师"自我生长"模式的理论建构提供资料支撑。案例的选取要确保代表性和典型性，一方面可以选取乡村教师个体为个案对象，在区域、职称、年龄、性别、职级等方面体现差异性，另一方面可以选取乡村学校或镇教委等组织为个案对象，也要在地区、性质、发展水平、文化特色等方面体现差异。

（二）叙述整体研究方案

开题报告中需要完整的阐述课题研究方案，是在课题申报立项之后对课题可行性与实施方案的进一步论证，虽然课题申报书中已经对研究方案进行了论述，但是通常是粗线条、偏宏观的，需要通过开题论证会进一步细化研究方案，确保可操作性。开题报告与立项申报书写作的侧重点有所差异，现将两者进行比较，详见表5-1。

表5-1　开题报告与立项申报书写作的侧重点差异比较

比较维度	开 题 报 告	立项申报书
功能定位	主要用于开题论证、进行课题诊断	主要用于课题评审、进行课题评判
面向专家	论证专家、帮助完善课题	评审专家、筛选有价值课题
文献研究	对以往研究进行分析、评价，说明本课题已有的研究基础与突破口	研究背景、研究角度、突破口
研究内容	具体说明研究问题	概述准备研究的问题
研究假设	具体假设、预期结论	基本的设想
研究方法	说明如何采取这些方法	大致采取什么方法
研究队伍	人员的分工及建立子课题	确定课题组成员
研究成果	具体的成果形式	成果形式
研究时间	研究日常安排	研究各阶段的大致安排
研究经费	每年度支出情况及自筹经费情况	投入经费总额

下面将整个研究方案的模块进行分别介绍，并对中小学教师进行开题报告撰写提供相应建议。

1. 课题研究目标

研究目标是课题研究将要实现的具体目标，将要解决哪些实践中的问题，或者在理论上有哪些预期的贡献等。

研究目标的写作要注意以下三点。

一是研究目标要**紧扣课题研究主题**，目标的分解围绕整个课题主题进行，不能提出与课题研究无关的目标。二是研究目标要**具有可行性**，实事求是地提出可操作性、可实现的研究目标；从已有的中小学教师开题报告中可以看到，有些研究目标是比较宏大的阐述，有些目标设置得过于复杂，在较短时间内根本无法完成；这就要求老师们在写研究目标时注意结合自身的研究条件、研究能力等，提出适当的研究目标。三是注意研究目标的用词和表述，给研究目标设定合理的限定词，确保研究目标在特定范围内可实现。如有小学老师把某课题研究目标设定为"探索提高学生阅读能力的有效策略"，这个目标不够具体，建议增加"小学生"，从而将研究目标的范围限定在小学这个阶段。

2. 课题研究内容

研究内容是对研究目标的分解，是对研究任务的具体化设计，更要体现出可行性、具体、明确等特征。同时，研究内容也是课题研究思路的具体化，研究内容设计是否合理，能够反映课题主持人的研究思路是否清晰。研究内容的设计有多种方法：一是根据课题研究主题词的内涵设计相应的研究内容。如"培养学生自主学习能力的实验与研究"，可以围绕自主学习能力进行多维度设计，包括自主学习能力的现状调查、评价标准、实验研究、提升策略等多个方面。二是根据课题实施的基本程序设计相应的研究内容。如"教师对学生评语的调查研究"，可以按照"问卷设计、现状调查、数据分析、原因剖析、对策建议"等方面设计。三是根据课题使用的研究方法进行研究内容设计。如"学习困难学生教育的研究"，可以从"文献研究、调查研究、访谈研究、经验总结、改进对策的实验"等方面进行设计。总之，研究内容是研究目标的具体化分解，但是研究内容也不必与研究目标一一对应。

3. 课题研究步骤

研究步骤通常按照时间维度进行设计，是对研究内容具体落实的操作性程度设计，分成不同的研究阶段。研究步骤设计时需要考虑的因素有：研究阶段分解、每个阶段的起止时间、每个阶段的研究内容、研究目标、各阶段的实施方法等。研究步骤设计时需要注意：步骤的设计要充分对接研究内容，各个阶段的划分也应基于对研究内容的把握，既体现出对研究内容前后间逻辑关系以及不同内容的难易程度等信息。

案例 5-7：《乡村教师"自我生长"模式的理论与实践研究》研究步骤

阶　　段	达　成　目　标	研　究　内　容
第一阶段	开展文献研究，设计课题研究方案，组织课题开题。	乡村教师发展的国内外研究现状；本课题研究的实施方案。

阶　　段	达 成 目 标	研 究 内 容
第二阶段	实施田野调查，探索乡村教师发展阶段、心理诉求，分析政府及学校的改革政策。	乡村教师发展的瓶颈与动力；乡村教师发展基本阶段；政府对乡村教师的外部支持；村民受教育需求。
第三阶段	设计问卷量表，实施问卷调查，数据统计分析，充实研究资料，完成中期总结。	乡村教师职业认同的影响因素；乡村教师发展的制约因素；推进乡村教师发展的内在机制与改革策略。
第四阶段	构建乡村教师"自我生长"模式的理论体系；系统设计该模式的内外部实现机制。	乡村教师"自我生长"模式的内涵特征、要素结构、功能运行；乡村教师"自我生长"模式的实践策略。
第五阶段	全面梳理课题研究成果，撰写课题研究报告；完成结题。	乡村教师"自我生长"模式的理论建构与实现机制。

4. 预期研究成果

课题研究的预期成果形式多样，包括学术论文、专著、研究报告、案例、课例等，不同级别的课题对成果也有不同要求，比如北京市教育科学规划优先关注课题要求提交研究报告和3篇北大中文核心期刊。中小学教师课题研究，也需要根据课题级别要求设计相应的研究成果，成果的数量、种类和级别都不宜设置过高，通常达到基本要求即可，避免设置目标过高，导致结题时达不到要求。因为中小学教师做研究有一定的特殊性，教师研究的成果也可以是实践形态的，比如教师的优质教学法、优秀课例等，不一定局限于论文成果。

5. 研究人员分工

开题报告中需要对课题组成员的研究任务分工进行详细设计，便于课题研究的有序进行。课题主持人作为总的课题负责人，需要承担研究设计、资源支持、统筹协调等主体性研究任务，课题组成员也需要基于不同研究专长分配不同的研究任务。人员分工的依据仍然是以研究内容的设计为主，目标是把不同的研究任务分配到合适的研究人员，便于较好地执行研究计划。当然，课题组内部也需要建立课题研究任务的分工与合作制度，建立研究共同体，定期组织课题研究的讨论、梳理等工作。此外，还可以借助学校平台，组织更多老师参与到课题研究中来，以承担子课题的方式进行相关研究，共同提升课题研究的质量。

6. 其他有关问题及研究保障

开题报告中还需要对时间保障、理论学习、经费支持及研究资料收集等内容进行相应考虑，这些也是保障课题顺利进行的重要因素。时间保障方面，需要课题组统一协调，为课题研究预留相应的时间，定期进行课题研讨、成果梳理等工作；理论学习方面，需要对课题研究的相关理论知识进行学习，提高课题组成员课题研究的理论水平；经费支持方面，如果没有立项单位划拨的经费，还应该向学校申请一定的经费支持；研究资料收集方面，是自始至终需要重点关注的内容，要设计好研究资料收集的方法和渠道，丰富课题研究的支持资料。

二、开题实施要点

基于多次参与开题论证会的经验，以及对大量中小学教师开题报告的分析发现，中小学教师在撰写开题报告过程中存在一些共性的问题，从概念界定到预期成果等各个环节，存在不同程度的不足。本部分将对其进行梳理，供老师们参考使用。

（一）概念界定要科学、严谨，且表述要规范

概念界定是课题研究的基础性工作，决定着后续课题研究的范围和研究结果的适用性等，所以需要科学、严谨地进行。目前，从笔者在评审过程中接触到的开题报告的情况看，主要存在如下问题。

一是核心概念选择不准确，有些可能不是课题研究的核心概念，真正的核心概念，教师反而疏忽了。

二是对核心概念界定的不够清楚，仅谈到了概念的表层意思，缺乏最基本的文献综述支撑，甚至有些概念界定就是教师个人的片面理解。

三是概念界定不够规范，理想的概念界定应该是"已有的研究述评"＋"本课题的研究界定"，实践中往往出现顾此失彼的情况。即有些只罗列了一堆文献，没有本课题的界定，有些只是说明了本课题的界定，但缺乏文献支撑。总之，概念界定是需要研究者进行深入研究和思考的问题，是一开始就需要着重关注的研究内容，概念的清晰、规范表述，有助于后续课题研究的顺利开展。

（二）拟解决问题要聚焦核心环节

如何聚焦拟解决的关键问题，是很多教师在开题论证过程中遇到的普遍问题。实践中的难点和不足主要体现在以下几方面。

一方面是抓不住课题研究的最关键问题，面面俱到，把重点内容掩盖了；另一方面是提出的拟解决问题虽然很重要，但是难以解决，或者解决方案不具有可操作性。

基于此，在开题报告撰写过程中，有必要深入思考课题研究的关键问题在哪里，哪些问题是值得研究，且有研究的可行性的，从而针对关键问题设定完成任务的核心环节。

从具体操作而言，首先要选择**有重要研究价值**的问题，即抓住实践问题的"牛鼻子"，只有这个问题解决了才有助于促进教育教学改革。其次是**选择在现有条件下能解决的问题**，有些时候尽管很多问题都比较重要，但是基于现有的社会发展阶段或者研究者的能力等条件，可能短时期内无法解决，这就需要考虑研究问题的可行性。最后是**先解决相对比较容易的问题**，在聚焦核心环节的设计过程中，需要根据问题解决的难易程度进行划分，通常情况下先进行比较容易问题的研究，以为后续困难问题的研究奠定基础。

（三）研究内容与方案不宜面面俱到

前面章节中提到，理想的选题应该是比较**微观的**、**聚焦的**，即研究选题应该体现"小""实""新"的特征。相应的，开题报告中研究内容与研究方案的设计就应该做到"小""实""新"，聚焦最关键的核心问题进行深入研究，而不是面面俱到地开展研究。这不仅是因为研究者的时间精力有限，更是因为面面俱到的研究设计会掩盖真正重要的研究内容，不利于提升课题研究的成果质量。

这个要求与前面的关键问题是一致的，即在选择好关键研究问题的基础上，才能够有效地围绕关键问题设计研究内容与方案，如果研究问题的选择不准，必然会影响到研究方案的设计。这就需要课题组对研究内容和方案提前进行可行性分析，结合已有的研究基础和初步分析，判断研究内容设计是否聚焦到最关键问题，是否精选关键问题进行重点突破。

（四）研究计划设计合理且有可操作性

有些课题在研究计划方面比较突出的问题是阶段划分不合理、任务划分与研究内容不匹配以及计划方案不具有操作性等。研究计划的最基本要求是可操作性，这就需要对研究进度有详细的支撑计划，确保计划的严肃性和可操作性，避免和真实的进度差距较大。实践中，有些课题组的结题时间、成果产出内容以及课题组人员分工等与开题报告中的研究计划有较大出入，多数是计划很理想，但实践过程中并没有得到有效落实。这就提醒课题组高度重视研究计划的制定，对已有研究计划进行反复讨论修订，确保能够设计出科学合理且具有较高操作性的研究计划。

（五）合理控制开题报告篇幅与陈述时间

开题报告的篇幅通常大于课题申报书，教育科学规划课题的申报书通常是有字数上限的。比如北京市教育科学规划课题论证部分要求千字以内，而开题报告则需要对具体研究方案进行详细设计，字数偏多，但是也要控制在 2 万字以内。在开题论证会的组织过程中，课题主持人在阐述研究报告时要合理控制陈述的时间，通常控制在 20～30 分钟之间，报告内容包括简要交代课题来源，重点指出研究存在的问题，不必花太多时间细述发现问题的过程，但是要对课题主攻方向进行比较充分的论证，详细说明课题的研究内容、方法、方案及其可行性等。

因为开题论证会时间相对较短，而且有些时候是多项课题一起开题，时间就更加紧张，开题报告总体上要尽可能简明扼要，把更多的时间留给评审专家，充分把握住专家建议、点评的机会，获取更多有价值的信息。此外，留出充分的时间也有利于进行更加充分的讨论，保证有机会与专家就关键问题进行请教。

（六）充分听取专家意见

开题论证会要对专家意见进行详细记录，一方面是上报开题过程的程序需要，另一方面也是为后续课题研究把握方向。在条件允许的情况下，可以组织教师对开题论证会的全过程进行录音、录像，便于后续资料的详细整理。论证会结束之后，课题组成员需要对专家意见进行深入学习、集中讨论，把有价值的意见建议吸收到课题研究方案中，基于专家意见形成新的课题研究计划与方案，完善已有的研究任务设计和人员分工。专家论证会结束之后，需要组织课题组成员开展研究，做好研究过程的资料记录，及时发现研究中的问题，不断完善研究方案，确保取得预期的研究目标。

三、开题报告案例分享与点评

（一）开题报告案例分享

本书选取了《思想政治课中学生逻辑思维能力培养的实践研究》的开题报告作为示范，进行分析。

一、课题研究的背景、意义

1. 选题缘由

2019 年 3 月，习近平总书记在学校思政课教师座谈会上强调思政课是落实立德树人根本任务的关键课程，需要与时俱进，落实"八个相统一"。从国家的人才培养目标看，社会发展需要具备科学精神，善于发现问题、分析问题、解决问题，能够作出正确的价值判断和行为选择的社会主义建设者和接班人。

在课程改革的大背景下，十八大和十八届三中全会提出的关于立德树人的要求落到实处，2016 年中国学生发展核心素养研究成果发布，其中科学精神对我们学科核心素养的培养具有借鉴意义。《普通高中思想课程标准（2017 年版）》将政治认同、科学精神、法治意识与公共参与作为学科的核心素养，明确了以学科核心素养培育为导向的教学新要求。其中科学精神关乎个人成长、社会进步、国家发展和人类文明，对学生的高阶思维能力提出了极高要求。而逻辑思维能力则贯穿于思维活动从低阶到高阶的各个层次，对高阶思维的发展尤为关键。逻辑思维能力的培养可以拓展思维的广度与深度，提升思维过程的逻辑性、系统性和审辩性，不仅能够提高学生的认知能力，也有助于思想政治教学中学科核心素养的培育。

就学生发展而言，逻辑思维培养对于学生高阶认知能力和高阶学科能力的提升至关重要。中学阶段是学生思维能力从具体形象思维发展为抽象逻辑思维的关键时期，逻辑思维训练有助于推动认知能力从低水平向高水平发展。思想政治教学不应停留于教材知识，而应回归真实的社会生活情境，强调实践应用和迁移创新的高阶学科能力，注重思维激发，鼓励学生深入理解、阐释、分析社会现象与社会问题，在思考与探究的过程中形塑正确的价值判断和行为选择。但实际情况是学生过于重视应试，课程学习大多呈现"碎片化"知识点，简单的机械背诵书中的内容或者考试题目简单对应，缺乏对具体生活情境的逻辑思考和论证过程。思想政治教学过程中对逻辑思维能力培养的重视与强化不仅有助于学生思维的发展，还能够提高教学的科学性和有效性，实现思想政治学科的育人目标。

基于国家人才培养目标、思想政治课程的改革动向以及学生发展的需求，本课题以逻辑思维培养为核心抓手，提升学生的思维能力，培养科学精神，尝试为中学思想政治教学中核心素养的落地提供新思路和新方法，为学科课程改革积累有益经验。

2. 研究意义

本课题旨在探索中学思想政治教学中逻辑思维能力培养的方法与路径，集中体现了思想政治学科价值性和知识性相统一、建设性和批判性相统一、灌输性和启发性相统一的特点。这一以思想政治学科核心素养为导向的教学实践研究符合新课程改革的总体要求，有着理念引领和实践创新的双重价值，能够对初高中的思想政治教学实践产生重要的示范意义。

（1）理念引领：为思想政治学科教学提供新思路

以学科核心素养为导向的课程改革对思想政治课堂教学提出了更高的要求。

思想政治学科与时代发展、现实生活密切相关，教学过程应聚焦具更具真实性、复杂性和挑战性的议题与情境，引导学生在理解、分析的基础上作出理性的评价、论述，提出具有可行性和创造力的行动方案。逻辑思维训练可以帮助学生搭建有效的思考框架，优化提出问题、分析问题、解决问题的路径，提高学生结构化、系统化思考的能力及批判创新的意识。

从学生角度看，将逻辑思维融入思想政治教学可以帮助学生在学科知识学习的基础上建立逻辑思维框架，提高学生实践应用和迁移创新能力，满足个人发展的需要；从教师角度看，运用逻辑思维框架组织课堂教学和探究任务可以让课堂更科学、规范、有创造性和逻辑性，抓住学科核心问题，激发学生对思想政治学科的学习兴趣。本研究既是对新课程改革理念的响应和倡导，也试图通过对逻辑思维能力培养的探索思想政治教学的新思路。

（2）实践创新：在思想政治学科教学实践中落实核心素养

政治新课标明确界定了政治学科的核心素养，并围绕学科核心素养的落地提出了具体的教学与评价建议，包括活动型学科课程的教学设计、辨析式学习过程的价值引领，综合性教学形式的有效倡导以及系列化社会实践活动的广泛开展。政治教学中逻辑思维能力的培养指向学科核心素养中的科学精神，能为学生的知识学习及未来发展打下科学、理性的认知基础。逻辑思维的培养不能孤立进行，而应融入学科教学之中，与学科内容、课程设计、教学评价有机结合，以切实有效地落实政治学科核心素养，实现政治学科的育人目的。

本研究尝试将逻辑思维训练融入课程教学设计及教学评价之中，为思想政治课教学提供新的思路；在此过程中探索、总结适应初高中不同阶段思想政治教学的逻辑思维培养模式和策略，为政治学科核心素养的落地积累有效的实践经验。

二、文献综述

1. 核心概念界定

（1）逻辑

逻辑是一门研究推理、论证之原则、规范和方法的学问，包括形式逻辑与非形式逻辑。形式逻辑专注于研究概念、判断和推理的形式结构。然而符号化的形式逻辑与人们的日常生活实际的关系比较疏远，其人工语言在丰富性、灵活性及实用性等方面远远无法与自然语言相比。形式逻辑不足以准确地涵盖人们在日常生活中大量运用地推理和论证模式，也难以对普通人提高与改善分析、推理和论证的能力提供直接的帮助。而非形式逻辑则是以日常生活中的论证为研究对象，旨在理解真实生活语境中的思考、推理和论辩。本研究中的"逻辑"主要是指"非形式逻辑"。非形式逻辑关注复杂、多维的社会实践，尝试提出一种广泛的论证理论，分析、评估和改进出现在自然语境中的非形式推理和论证。

（2）逻辑思维能力

对逻辑思维能力概念的探讨，大多以布鲁姆教育目标分类学为基础。美国教育心理学家本杰明·布鲁姆于1956年提出这一分类法，将认知领域的教育目标从低阶到高阶分为"知识、领会、应用、分析、综合、评价"六个层次。该分类体系在21世纪初经由其学生修订更新，将"创造"列为最高思维层级，强调将已有知识、信息进行综合运用与深度加工，将不同要素重新组织成新的模型与系统的思维能力以及提出假设、建立论证、建构体系、制定规划、设计方案、生成作品的认知与实践过程。

对思维能力的研究虽然没有形成统一看法和统一的评价标准，但至少在以下方面达成共识：一是逻辑思维能力的发展是从具体形象到抽象逻辑，由低级阶段到高级阶段，区分标准是逻辑思维的发展水平和层次，具有相对性的特点。二是逻辑思维的复杂程度可以通过适当的逻辑思维培养得到提高。本研究的逻辑思维能力指在面对政治学科相关复杂情境时，通过理解、分析、判断、论证、评价、创造六个环节的培养和训练，作出合理的价值判断和行为选择的能力，最终能运用于实际生活的真实情境中。

（3）逻辑思维能力培养

逻辑思维能力培养主要关注通过语言分析与表达，文本阅读与分析，批判性写作等训练方式培养学生的思维能力。本研究认为逻辑思维能力培养需要构建符合学科要求与认知发展规律的思维框架。

本研究基于以上分析，学生逻辑思维能力可以通过适当的逻辑思维能力培养得以提升，而符合学科特点的逻辑思维模式则是强化学生逻辑思维能力的有效方式。本研究认为不同年龄阶段学生的逻辑思维水平虽然存在差异，但是逻辑思维能力的培养在不同学段具有连贯性，本研究试图打通初高中学段限制，对学生逻辑思维能力进行系统化培养。为此，本研究在初高中阶段的政治学科教学中融入逻辑思维训练的策略与方法，在传授学科知识、培养学科核心素养的同时提升学生的逻辑思维能力，引导学生在理性思考的基础上做出正确的价值判断和行为选择。

2. 国内外研究现状综述（略）

三、研究设计

1. 研究目标和研究假设

（1）研究目标

① 探索建立中学政治学科逻辑思维能力培养的框架模型，并基于模型进行中学政治学科的课堂改进，总结中学政治学科逻辑思维能力培养的实现路径。

② 通过走向深入的政治学科教学实践培育中学生思想政治学科核心素养，提高学生的高阶政治学科能力。

（2）研究假设

① 不同年龄学生的逻辑思维水平存在差异，思维水平可以通过适当的逻辑思维能力培养得以提升。

② 逻辑思维能力培养有其规律，可探索政治学科逻辑思维能力培养的框架模型。

③ 优化的中学政治课学科教学是提升学生逻辑思维能力的有效途径，影响学生的价值判断和行为选择。

2. 研究内容

（1）建立基于中学政治学科教学内容的逻辑思维能力培养模型

初高中政治教学内容和学生发展阶段有共性，也存在不同，本研究据此在初中基于情境展开教学，高中围绕议题展开教学，考虑到初高中不同学段思维训练统一性基础上的具体差异，构建基于中学政治学教学内容的思维训练框架。

（2）进行中学政治学科逻辑思维能力培养模型的课堂改进研究

基于中学政治学科的逻辑思维能力培养模型，依托初高中教材设计具体教学内容，开展实际课堂教学并进行改进研究，整理总结基于课堂教学改进的实践经验，修改完善中学政治学科逻辑思维能力的培养模型，并进一步思考中学政治学科逻辑思维能力培养的实现路径。

根据初高中教材的具体差异，本研究初步尝试在两学段分别选取至少两框题内容进行课堂改进的重点研究，探索中学政治学科逻辑思维能力培养模型对于课堂教学的适用性和价值性。

（3）基于课堂改进总结中学政治学科逻辑思维能力培养的实现路径

在具体教学改进实践的基础上，总结中学政治学科逻辑思维能力培养的具体实现路径，分析初高中不同学段在中学政治学科逻辑思维能力培养方面具体路径的统一性和差异性，为中学政治学科逻辑思维能力培养提供有效的理论基础和实践经验，从而实现通过走向深入的政治学科教学实践培育中学生思想政治学科核心素养，提高学生的高阶政治学科能力。

3. 研究方法

研究方法	说　明
文献研究法	阅读逻辑学、思维训练相关书籍和资料、中学政治课课标、心理学、中国学生发展核心素养等文献，以梳理概念，了解前沿研究成果，确定问题和方向。
问卷调查法和访谈法	设计学生思维能力的描述和调查的评价工具，通过问卷调查收集数据；通过访谈法就数据反映问题进行确证和澄清。
行动研究法	**课堂实践**：政治课上结合教学内容探讨和总结出适合教学的逻辑思维框架——构建思维框架、整理思维元素。 **案例分析**：就一些真实情境进行专题探讨——运用思维框架和元素。 **问题解决**：根据学生的真实问题进行分析讨论——帮助学生价值澄清、判断，进行具体情境的行为选择。

四、研究的重难点、创新点

1. 研究的重难点

重点：建立基于中学政治学科教学内容的逻辑思维能力培养模型；进行中学政治学科逻辑思维能力培养模型的课堂改进研究；基于课堂改进总结中学政治学科逻辑思维能力培养的实现路径。

难点：建立基于中学政治学科教学内容的逻辑思维能力培养模型。

2. 研究的创新点

（1）研究思路问题导向

本研究以问题为导向，力图解决学生在政治学科中体现出的逻辑思维能力欠缺的问题。

（2）研究内容系统化

首次将逻辑思维能力与中学政治教学的系统性结合。并且考虑到新教材下初高中衔接问题。

（3）研究成果可拓展

建立基于中学政治学科教学内容的逻辑思维能力培养模型，进行中学政治学科逻辑思维能力培养模型的课堂改进研究，为中学政治学科逻辑思维能力培养提供有效的理论基础和实践经验。

五、研究的实施计划及人员分工

1. 实施计划

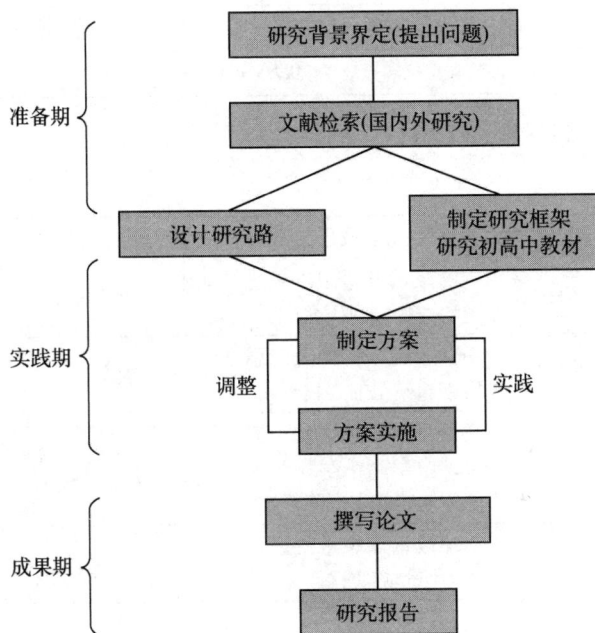

时间安排如下表：

计划阶段	主要工作内容	考核指标、成果
2019.3— 2019.6	1. 梳理相关研究文章、资料； 2. 制定研究方案。	制定初步实施方案。
2019.6— 2020.2	1. 梳理教材中常用的逻辑思维框架，尝试总结逻辑思维能力培养模型； 2. 研究逻辑框架在教学中的应用。	1. 梳理教材相关的常见逻辑思维框架，探索政治教学与思维能力训练结合的方案； 2. 进行教学设计。
2020.2— 2022.2	1. 逻辑思维能力培养模型在课堂教学中的运用与落实； 2. 探索发表相关论文。	1. 实施教学设计，并进行教学设计与课堂教学的改进实践； 2. 撰写相关论文。
2022.2— 2022.9	整理撰写研究报告。	最终研究报告。

2.人员分工

成员	职务	负　责　工　作
蒋某	教师	课题全面负责、初中部分课堂教学改进、素材整理、论文编写。
郭某	教师	开题报告、高中部分课堂教学改进、素材整理、论文编写。
方某	教师	开题报告、高中部分课堂教学改进、素材整理、论文编写。
林某某	教师	开题报告、初中部分课堂教学改进、素材整理、论文编写。
籍某	教师	初中部分教学实践、资料整理。

六、预期研究成果

1.阶段成果

序号	形成时间	阶段成果名称	成果形式	承担人
1	2019.3—2020.2	中学政治学科中逻辑思维能力培养的模型研究。	模型方案	课题组所有成员
2	2020.2—2021.2	中学政治学科中逻辑思维能力培养模型的实践研究。	教学设计	蒋某、郭某、林某某、方某
3	2021.2—2022.2	政治学科经典案例、情境搜集，中学政治学科逻辑思维能力培养的实现路径研究。	教学设计、素材整理、论文	蒋某、郭某、林某某
4	2022.2—2022.9	思想政治课中学生逻辑思维能力培养的实践研究。	书面研究报告	蒋某、郭某、林某某、方某

2.最终成果

序号	完成时间	最终成果名称	成果形式	承担人
1	2022.2—2022.9	课题总结报告	书面报告	蒋某、郭某、林某某、方某
2	2021.2—2022.9	课题论文发表	期刊论文发表	蒋某、郭某、林某某

（二）案例点评

总体来看，上述开题报告比较规范，研究目标明确，研究内容设计较合理，研究计划也具有较好的可操作性。根据开题报告各个模块，分别进行简要点评。

第一，选题缘由的阐述思路比较清晰，体现了政策导向、现实需要和学界研究的趋势，总体上选题缘由比较有说服力。一是强调思政课是落实立德树人根本任务的关键课程，并结合《普通高中思想课程标准（2017年版）》将政治认同、科学精神、法治意识与公共参与作为学科的核心素养，明确了以学科为导向的教学新要求，表明了该研究有很好的政策基础，符合教学改革的基本导向。二是现实中课程改革的实际需要，从学生能力发展需求和教师专业发展需求两个角度，说明了研究这个课题的必要性和重要价值。

第二，概念界定比较清晰、严谨，符合概念界定的基本规范。课题选择了"逻辑思维能力"和"逻辑思维能力培养"两个关键词进行概念界定，既引用了相关的研究文献，也有本课题独自的概念界定，总体上比较恰当、语言精练。文本呈现中，对"逻辑"界定，可以在逻辑思维能力中体现，建议可以删除"逻辑"概念界定。

第三，研究目标与内容部分思路比较清晰，设计比较合理，具有可行性。关于研究目标的设计，一是探索建立中学政治学科逻辑思维能力培养的框架模型，并基于模型进行中学政治学科的课堂改进，总结中学政治学科逻辑思维能力培养的实现路径。框架模型建立，为开展学科教学实践培养素养奠定基础；二是通过走向深入的政治学科教学实践培育中学生思想政治学科核心素养，提高学生的高阶政治学科能力。这里研究目标，"通过走向深入的 ***"教学工作语言范式表达，建议可以进一步斟酌。注意目标表达的规范性。可以考虑修改为，"基于学科逻辑思维能力培养的框架模型，探寻促进逻辑思维能力培养的教学实践路径"。这也与研究假设"优化中学政治课学科教学是提升学生逻辑思维能力的有效途径"相一致。

第四，课题研究阶段划分较为合理，时间安排比较恰当，前后衔接相对有序，能够紧紧围绕研究目标和任务进行阶段设计，具有较好的可操作性。不足之处在于缺乏对研究方法的针对性阐述和应用说明，即在每一个研究阶段运用什么样的研究方法，如何采用相应的研究方法确保研究计划的有效推进，需要后续研究补充完善。关于预期成果的设计，成果形式比较丰富，成果内容与研究主题比较契合。如果进一步完善该开题报告，建议再增加体现课题研究特征的成果产出，如写出一篇论文或形成几篇课例、案例等；建议进一步明确人员具体分工，更凸显团队合作性。

第三节 中期报告撰写规范及检查要点

一、中期检查工作要点

（一）中期检查的作用与方式

开题报告中的实施方案设计，主要指向课题的中期，好的开题报告能够有效指导课题中期研究的顺利进行，是保障课题最终取得预期研究成果的重要基础。对于课题研究中期的论证设计，需要关注研究的积极推进，重视研究资料的积累，包括如何进行过程性材料的充实积累，如何获取支持性的数据材料，并对此设计详细的资料收集与整理方案，为研究成果产出做好准备。

1. 中期检查的功能定位

第一，中期检查是研究方案调整的最佳期。课题研究经过申报立项、课题开题论证之后，最重要的环节是研究实践和相关工作的落地，前面的环节主要是理论上的设想和论证，在实际执行过程中难免会遇到一些问题，这就需要对研究方案进行微调，而中期检查就是调整研究方案的最佳机会。扎实做好研究计划调整的预案，即当课题中期研究过程中，遇到部分研究任务无法落实，或者研究实施与预期的设计不一致、不相符的时候，可以尝试申请方案调整，确保课题研究的如期进行，并保证能够取得相应的研究成果。

第二，中期检查是督促、确保课题研究如期推进的重要环节。通过中期检查，要求课题组进行课题研究进展的总结，梳理一段时间以来课题研究取得的主要成果，有利于督促课题组加快课题研究的进度，确保课题研究的质量。同时，中期检查也要求课题组如实总结课题研究中存在的问题，进行反思和改进，也有利于调动课题组成员的积极性和团队凝聚力。

第三，中期检查是避免课题研究虎头蛇尾的重要举措。在课题结题论证过程中，往往会遇到部分课题缺乏中期研究环节，或者中期研究报告与开题报告类似的问题。这说明部分课题的研究不够扎实，缺乏实质性的工作推进。在课题开题的时候，邀请了众多专家学者参与，在课题结题的时候也是轰轰烈烈，但是对于中期检查、阶段性研究成果的质量论证，往往比较淡化，这在一定程度上也影响了课题的研究质量。因此，中期检查除了具有对课题组研究进程的督促价值之外，还能确保研究过程扎实有效地开展，确保课题研究计划的有效落地。

2. 中期检查的主要方式

通常来说，课题的中期检查以提交研究报告的材料检查为主。与高校科研人员课题的中期检查形式不同，中小学课题的中期检查形式相对多元，通常是以提交材料检查和阶段性教育教学成果展示为主。以北京市教育科学规划课题为例，其对中期管理规定如下。

北京市教育科学规划课题实行中期检查制度。规划办依据课题完成周

期，通过课题负责人网上填写"北京市教育科学规划课题中期检查表"和会议抽检的方式，适时对各类课题进行中期检查。规划办于每年6月份在北京市教育科学规划网发布北京市教育科学规划课题中期检查通知，对"重大课题、优先关注课题、重点课题、青年专项课题、校本研究专项课题"进行中期检查。

中期检查的具体工作由受托管理机构组织完成。建议受托管理机构以集中会议检查的方式进行中期检查。中期检查完成后，受托管理机构组织课题负责人登录"北京市教育科学规划课题管理系统"填写《北京市教育科学规划课题中期检查表》。对进展正常的课题，规划办将拨付第二期研究经费；对不按规定填写《北京市教育科学规划课题中期检查表》或检查不合格的课题，将缓拨后续经费。

（二）中期检查的基本程序

以北京市教育科学规划领导小组办公室的课题管理规定为例，规划办依据课题完成周期，通过课题负责人网上填写"北京市教育科学规划课题中期检查表"和会议抽检的方式，适时对各类课题进行中期检查。一般课题的中期检查工作由受托管理机构负责。受托机构须撰写本单位《年度课题中期检查分析报告》，并于每年9月30日前报送规划办。规划办将不定期发布《北京市教育科学规划研究成果快报》，反映对北京市决策有重要参考价值、对实践有重要指导意义的应用研究成果。

北京市教育科学规划办制定了"十四五"期间北京市教育科学规划课题的中期检查流程，该图比较清晰地呈现了课题管理层面的检查程序，以及相关的管理细节要求，详见图5-2。

由图5-2可知，中期检查通常需要课题主持人提出申请，撰写相应的中期检查报告，并经过所在单位审批和上级受托管理机构的审批。北京市教育科学规划领导小组办公室对不同类型课题的中期检查程序也略有差异，对于一般课题而言，只需要经过所在单位和上级受托机构审批，即可完成中期检查并进入下一个研究阶段；而对于有经费支持的非一般课题，则在上述审批的基础上还需要经过北京市教育科学规划办的审批，审批通过后才能进行第二次的课题研究经费拨付。当然，在中间检查过程中，也并非全部课题都能通过，受托机构或市规划办都会根据中期报告质量进行判断，对于部分课题进展缓慢、中期研究未按照研究计划执行等问题会及时提出，要求课题负责人进行相应的修改，才能进入下一个研究阶段。

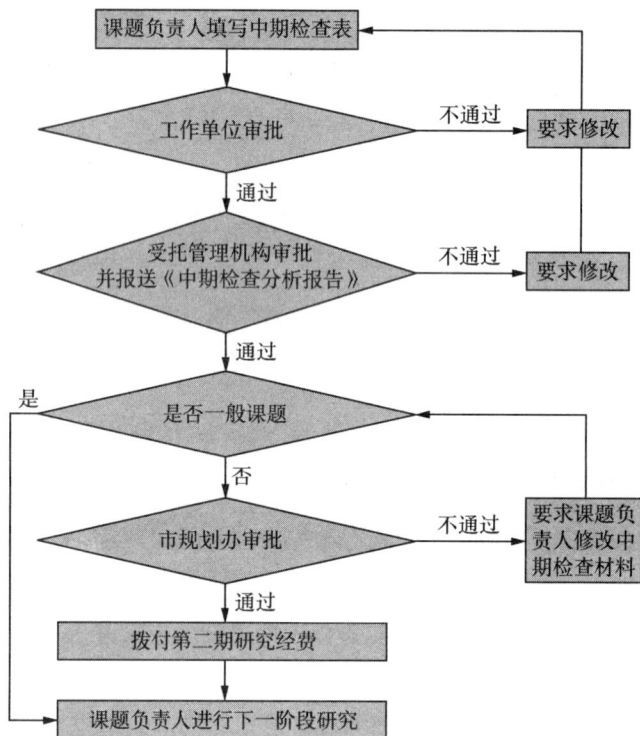

图 5-2 "十四五"期间北京市教育科学规划课题的中期检查流程

二、中期报告撰写规范

（一）中期报告的框架特征

1. 中期报告与开题报告的比较

与开题报告的撰写要求相近，中期报告也需要作为完整的研究报告呈现，只是在报告内容的结构要素上有所区别，写作的侧重点有所不同（见表 5-2）。笔者在参与课题结题评审中也发现，部分课题的中期报告与开题报告的内容相近，缺乏一定的区分度，不仅难以达到中期检查的要求，而且也反映出课题研究进度偏慢。简要梳理开题报告与中期报告的不同点，便于课题负责人在撰写时有所侧重和区别，提高中期报告的质量。

表 5-2　开题报告与中期报告差异

比较维度	中 期 报 告	开 题 报 告
功能定位	用于总结研究进展，修订研究方案	主要用于开题论证、进行课题诊断
面对专家	通常不组织专家论证，部分有现场会	论证专家、帮助完善课题
文献研究	侧重阐述已有文献研究的初步成果	对以往研究进行分析、评价，说明本课题已有的研究基础与突破口
研究内容	具体说明研究内容的实施推进情况	具体说明研究问题
研究假设	进一步完善、修订研究假设	具体假设、预期结论
研究方法	说明研究方法的运用情况	说明如何采取这些方法
研究队伍	不再阐述，如有变化需要说明	人员的分工及建立子课题
研究成果	阐述已经取得的阶段性成果及形式	具体的成果形式
研究时间	结题时间如有调整，需要报告	研究日常安排
研究经费	详细阐述经费支出的实际情况	每年度支出情况及自筹经费情况

　　以上内容初步分析了开题报告和中期报告撰写特征的差异，涉及十项具体的内容，部分内容在中期报告中并非一定要阐述，仅限于部分有重大调整的地方，需要专门报告。

2. 中期报告的结构框架

　　与开题报告、结题报告的撰写框架相比，中期报告的撰写重点要呈现研究的进展和初步成果，旨在为进一步调整研究计划、保障课题研究顺利进行，直至如期完成课题并取得预期效果奠定基础。以北京市教育科学规划领导小组办公室的中期报告撰写要求为例，其基本的结构框架包括：课题研究的基本进展、研究中存在的问题、下一步研究计划、经费使用情况、取得的阶段成果及单位管理意见等。下面简要介绍相应结构在内容方面的写作要求。

　　第一，课题研究的基本进展。已经做了哪些研究工作，运用了什么研究方法，得出了什么样的初步研究结论。要具体阐述各个研究方法的运用情况，具体阐述研究的初步发现，以及各项研究任务的落实情况。按时间顺序或内容板块有条理地说明研究工作的开展情况；有详有略、有主有次地陈述研究过程中做了什么、怎么做的。

　　第二，研究的阶段性成果。客观阐明本课题组完成研究内容、达成研究目标的情况；简要说明已经形成的基本观点或理性思考，以及澄明了什么、示明了什么、探明了什么；介绍研究产生的客观效果和社会影响；概括性地叙述已形成的研究成果（体例、数量、影响等）；具体罗列主要的研究成果（作者、名称、体例、发表或获奖情况等）。

第三，研究中存在的问题。具体明确地提出研究过程中遇到的问题（课题研究本身）；实事求是地提出研究工作中面临的困难（课题研究的外部环境和客观条件）。

第四，下一步研究计划。前段应完成但没有完成的工作如何补救；课题组面临的疑难困惑如何解决；后段研究思路有何调整；后段主要研究活动怎么安排。此外，还可以呈现研究的附件资料。包括主要成果资料内容；有特色、有影响的研究活动资料。

（二）中期报告的撰写要点

1. 中期报告撰写基本要点

第一，如实呈现进展，客观陈述问题。中期检查的功能定位于梳理课题研究的基本进展情况，总结课题研究存在的主要问题，提出下一步完善课题研究的实施计划。因此中期报告的撰写并非都是"说好话"，中期检查的标准也并非课题研究结果鉴定的标准，即客观呈现研究进展，不管是否取得了较大的研究成果，只要按照研究计划有推进、有落地、有初步进展即可。中期检查主要是防止类似"部分课题立项快一年了，研究还没有推进，也没有取得一点进展"的问题。所以中期报告的撰写要做到内容真实、把握分寸，即重点应放在"研究计划完成情况"和"未能按计划完成的工作"两部分。撰写中应如实反映研究的客观实际，正确估计取得的成果；写成绩不要过分夸大，同时要写明存在的困难和问题。

第二，分析研究问题，抓住调整方案最佳期。课题开题报告的研究路线设计，在实践过程中往往面临着研究方法不好落实、研究任务分工不合理、研究目标设定过高等问题，这就需要借助中期报告的机会认真分析，反思研究中存在的问题。基于对问题的归因分析，探索有效的改进路径，抓住中期调整方案最佳期，拟订进一步研究的实施计划。通常来讲，中期方案调整的内容，要围绕着研究方法、研究任务和研究目标展开。比如选择适当的、符合研究需要的方法，具体用哪种方法更好，应该看哪种方式方法有利于解决实际问题。研究中运用到的方法主要有观察法、调查法、测验法、行动研究法和经验总结法等，其应用的场景需要根据具体问题的特征进行判断。在研究任务和目标的调整方面，总的原则是适当减少预期难以完成的任务或目标，同时也可以根据研究发现提出一些更加有针对性、与研究主题更相关的目标任务。

　　第三，研究成果陈述丰富，实践成果和研究成果并重。研究成果的陈述不能过于简单，研究进展和阶段性成果是中期报告的核心部分，需要认真全面地总结。对单一课题，可采用时序式编写，按任务完成时间的先后顺序写，但重点放在本阶段研究工作的进展和结果上，避免写成流水账。对项目比较多的课题，如分有多个子课题，可采用任务分项式编写，一项一项地写，也可把时序式或任务分项式结合起来编写。在成果呈现的形式和内容上，**不能只呈现实践成果，不能写成"工作报告"式的实践活动罗列**，还**需要重点反映课题研究和实践行动背后的研究发现**，即**认真梳理课题研究在理论、观念和认识上的相关成果**。研究成果主要是梳理实践行动背后发现的新观念、新知识、新理念或新策略，并且要求这些研究成果与课题研究的主题是密切相关的，无关的实践成果和研究成果最好不要体现，否则就会偏离研究主题。

2. 中期报告常见问题举例

　　以北京市教育科学规划课题为例，结合专家参与课题评审的意见，笔者提炼出中期报告撰写中经常遇到的问题，提醒课题组成员注意避免。

　　（1）《**基于快乐教育的小学数学课堂教学策略研究**》专家点评。第一，实际研究内容与研究设计匹配性不足。整个研究过程中，对于"快乐教育"的关注和体现不足，主要还是常规的数学课堂教学策略研究。第二，研究内容覆盖面有些广、不够聚焦。研究内容里面提出了两种维度的小学数学课堂教学策略，一个是"四段式"教学策略，一个是四种类型的教学策略，虽然二者都很重要，但在一个课题中最好聚焦，把一个问题研究透。另外，小学数学课堂教学的评价，可以说又是一个新的选题，在结题报告中是一个重要成果，但是在课题申报中并没有涉及。第三，研究方法运用和研究过程痕迹不够突出。研究成果中部分内容属于常规教学工作成果，缺乏研究的痕迹和味道；对研究方法的理解和运用仍然有待提高，报告中涉及 7 种研究方法，有点多。总体看，开题搞得轰轰烈烈，而对研究过程的重视程度不够。

　　（2）《**基于语文和数学学科教学的 MOOC 实践研究**》专家点评。第一，研究主题仍然较大，还不够聚焦。一般很少有同时基于两门学科的主题研究，比较好的方案要么基于多学科或者不分学科，要么基于某一个学科。本研究基于初中语文和数学学科进行 MOOC 研究，而且从研究内容看，语文和数学两者也没有太大关联性，可以说是分两个主题进行的研究，所以建议逐步分学科推进，可能会更好、更深入。第二，研究目标设计两条主线：一条是 MOOC 与学科教学的链接，一条是教师混合式研修模式的探索，虽然是都有涉及，如果能够聚焦一条主线更好，即研究 MOOC 资源信息技术如何与语文课堂对接，提高教学效果。同时，研究成果的呈现是以"说题"微课资源和"名著阅读"SPOC 研发为主，而对于信息技术与学科融合背后的规律性内容有待挖掘，即信息技术是如何促进语文和数学学科教学成效提升的。

（3）《"四界语文"课堂形态研究及教学资源开发》专家点评。第一，研究方法中的"经验总结法"，可否上升为一种研究方法，值得商榷。任何课题研究都需要对研究过程资料进行总结，包括理论的和实践的，所以不建议用经验总结法。经验总结更容易让研究报告变成工作报告。同时，研究方法中没有列出"文献研究法"，课题组进行大量的文献研究，却没有提到该方法。第二，部分研究目标的内容未完成。正如课题组所言：在课题研究期内没有完成全套统编版教材的四界语文教学资源开发工作。因为课题研究主题看是"四界语文"课堂形态研究及教学资源开发，目前研究成果侧重于阐述第一个部分的内容，而对教学资源开发的研究和落实不足。

第六章
结题：成果梳理与表达

结题鉴定时，要"不忘初心回头看"，对标核检预期成果达成度，判断是否符合结题成果规定。课题结题鉴定要着手整理结题报告、撰写成果公报，做好支撑材料。

课题结题经常存在 4 大误区：把实践效果当作成果、把研究过程性材料当作成果、研究成果和主题内容不相关、有成果但是表达不规范。

课题成果梳理与提炼，可遵循"八可八有"：可信–有理、可靠–有据、可鉴–有料、可行–有法、可依–有人、可见–有果、可推–有效、可学–有用。

课题实施要坚持"八有"：有理论、有政策、有实践、有综述、有思路、有目标、有团队、有方法。

第一节 结题准备与报告撰写

一、结题的管理程序与相关准备

（一）正确认识课题结题

课题研究工作完成之后需要进行结题鉴定，才能予以结题，该阶段的主要任务是对课题研究成果的鉴定验收。

课题结题是课题研究的最后一个环节，是对前期课题研究过程和研究成果的集中展示，是梳理、提炼课题负责人在对某个主题深入研究之后所形成的新观点、新理念、新策略和新经验等。对于中小学教师而言，课题的鉴定验收有三个基本的功能定位：一是对前期研究成果进行全面总结。通过撰写结题报告，可以把研究过程中的经验、案例、成果及不足等内容进行系统梳理，对研究发现的重要的规律性成果进行提炼、升华，从而形成不同形式的研究成果。二是对课题研究成果进行有效推广。在课题结题过程中，各级科研管理部门都会要求提交成果公报，旨在促进专家学者、同行间的共享、交流，把研究中发现的典型经验等进行推广应用，让更多的同行借鉴并应用到教育教学的实践中。三是借助课题结题时机、总结提升学校管理或教学实践经验。课题研究通常是学校实施课程教学改革、教师开展教学模式探索的过程，在这个过程中会积累丰富的管理与课程教学经验、心得反思及实践案例等，借助课题结题时机可以进行很好的总结、固化，完善学校管理和课程设置，更新教师的教育理念及教学模式。

（二）课题结题的管理

第一，判断课题研究成果是否达到结题要求。不同级别的课题对结题成果的要求各有不一致，但总体而言，研究报告和论文发表是较为普遍的结题标准。通过报告和论文能够比较有效地实现研究成果的提炼和传播，使课题组的研究成果成为教育领域的公众知识。

通常来讲，课题级别越高，要求发表的文章级别和数量相应就越多。比如全国教育科学规划办的国家青年课题，要求发表 2 篇 CSSCI 期刊论文，并且出版 1 本专著；教育部青年课题要求发表 2 篇中文核心期刊论文；北京市教育科学规划课题的重点课题也是要求 2 篇中文核心期刊论文；一般课题则要求公开发表 1 篇普通论文。因此，需要认真对标课题结题的成果要求，达到基本的结题条件才能提出申请。同时，还要注意已经发表的成果需要进行课题的署名。比如北京市教育科学规划课题要求：课题成果发表均须注明且只能独家注明北京市教育科学规划"课题类别＋课题名称＋课题批准号"。没有注明或注明多家资助项目的成果不得列入课题鉴定成果。此外，发表文章的主题要与课题的内容相一致，不能是与课题不相关的成果。

第二，撰写课题结题鉴定申请书，提交结题申请。不同级别的课题虽然对成果数量的要求有差异，但是在结题管理程序上基本一致。通常需要到相应的课题管理部门网站下载鉴定申请表，逐项填写内容，课题名称、已有成果、课题组成员等信息要准确无误。在提交申请书的同时，也要配套提交相应的鉴定支撑资料，包括发表的论文、研究报告及专著等相关成果。以北京市教育科学规划课题的结题为例，在提交完课题鉴定申请书之后，需要经过所在单位审批，通过后再经过受托管理机构的审批，通过后进入市级规划管理部门的结题鉴定环节，通过鉴定后将由市级规划办颁发《结题证书》。对于第一次结题鉴定不通过的课题，还有二次鉴定的机会。详细流程见图 6-1。

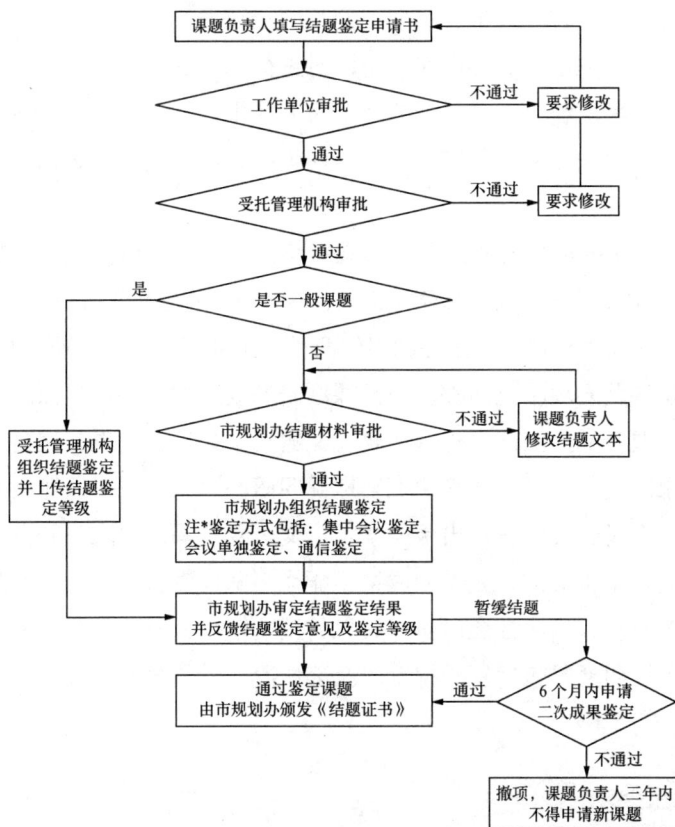

图 6-1 北京市教育科学规划办结题鉴定流程

（三）课题结题的材料准备

1. 材料的基本形式

第一，课题立项开题材料。课题立项是课题研究正式开始的标志，立项之后需要组织基础性研究工作，准备课题的开题工作，在这个过程中会形成相应的成果资料，在结题时需要进行有序整理。

课题立项开题的资料通常包括：课题立项申请书、课题立项证书、课题经费回执、课题开题报告等有明确载体的内容。还需要提交课题研究初期完成的文献综述、课题研究方案，以及课题开题过程中的开题论证记录、开题照片等。

第二，课题研究过程材料。研究过程资料是指在整个课题研究过程中形成的，推动或反映研究工作的阶段性工具或成果。比如通过调查问卷、访谈提纲进行的专题调查，通过查阅文献、理论梳理形成的文献资料，通过实验、观察等方式采集的课题研究支撑性资料等。从具体的成果载体形式看，通常包括调查问卷、访谈提纲、理论文献、实验报告、典型案例及调查数据，等等。这些资料虽然不一定全部单独提交，但都是需要在课题结题时进行梳理的内容，目的是为完成课题结题报告做好充足准备，支撑最终的课题研究成果。比如北京市教育科学规划课题规定提交的资料包括课题研究方案、访谈提纲、调查问卷、数据录入等过程性研究材料。

第三，课题研究成果材料。研究成果材料是记录课题研究最终成果的有明确载体的资料，比如学术论文、专著、研究报告、研究成果公报等。通常情况下，课题结题鉴定的成果材料包括主件和附件两种。主件通常以课题研究总报告为主，研究总报告是课题立项单位向外界公开课题研究成果的文件，是课题结题鉴定时专家评审的主要资料。除此之外，还要有课题成果公报，成果公报是向外界公开课题研究成果的文件，通常要简明扼要地说明研究成果。关于课题结题鉴定的附件资料，一方面是公开发表、出版的学术论文、专著等，要求公开发表成果与课题研究主要内容是相关的，无关的成果不能作为附件资料。另一方面是课题成果影响力的相关资料，表明社会对研究成果的反响情况，以及与课题效益有关的证明资料。相关证明通常包括领导批示、获奖情况、媒体报道及被决策采纳等证明文件。

2. 材料的准备要求

为保障课题结题材料的质量与水平，确保顺利通过课题结题鉴定，需要对结题资料进行认真的准备和全面的梳理，努力达到真实、精炼、齐全和美观的基本要求，详细内容阐述如下。

首先是确保结题材料的真实性，这不仅是课题结题的基本要求，更是学术研究的最基本规范。真实性的要求比较明确，即不能有抄袭的情况，不能出现修改调查数据、修改研究资料等情况，要基于真实的研究过程得出有价值的研究结论。要体现基于事实说话的原则，尽管有些时候研究结论与研究预期不一致，甚至研究结论证明了之前的研究假设是错误的，也需要如实呈现，因为"证伪"或者证明某项改革措施不可行也是课题研究的发现，是被支持和接纳的，课题研究是真实客观的探索。

其次是做到结题材料的精炼简洁。即研究总报告、研究成果公报等资料的撰写，要努力做到简洁、凝练。资料并非越多越好，而是要申报人对研究资料进行扎实的汇总、梳理和提炼。研究过程中会产生多种形式的研究资料，研究资料的记录一般也比较分散，需要围绕研究目标进行有选择的取舍，提炼出最精华的研究成果。在完成课题研究报告主件之后，其余资料可作为支撑资料，用于对后续课题研究和评审的佐证。

最后是确保结题资料的齐全和规范。齐全的要求比较明确，即严格按照课题管理部门提出的材料要求，以及具体的装订顺序、纸质资料份数，进行全面准备，不能有缺项、漏项。对于规范的要求也比较容易理解，不仅是装订符合要求，还包括内容规整，做到文本清楚，无逻辑关系错误，尤其是不能出现错别字、病句等基本常识性错误。下文以北京市教育科学规划课题的结题材料装订要求为例进行说明。

案例 6-1： 北京市教育科学规划课题结题鉴定材料装订要求

（一）立项通知书／证书（复印件）

（二）北京市教育科学规划课题申请书（原件）

（三）北京市教育科学规划课题开题报告（原件）

（四）北京市教育科学规划课题中期检查表及中期报告（原件）

（五）北京市教育科学规划课题结题鉴定申请书（原件）

（六）课题成果公报

（七）成果主件（研究总报告）

（八）研究工作总结

（九）相关证明（领导批示、获奖、媒体报道及被决策采纳等证明文件）

（十）重要变更的申请及获准批复

（十一）课题研究方案、访谈提纲、调查问卷、数据录入等过程性研究

（十二）公开发表的论文（附所发表刊物的封皮、目录页及论文全文）

二、结题报告的撰写

（一）结题报告的框架要点

1. 写作要点

（1）充分挖掘与提炼课题研究资料。

结题报告的撰写过程，本质上是总结课题研究过程资料，基于研究资料梳理、提炼研究发现与成果的过程。

首先要对研究资料进行汇总、整理，通常包括调查数据、访谈记录、课堂观察、学生个案、教学案例等，需要围绕研究主题进行相关资料的汇总收集，便于后面的成果分析与提炼。当然，也包括在研究过程中查阅的文献资料，已有研究的发现、同行教师的典型经验，以及相应的政策文件等，都可以作为研究资料进行汇总。

其次对照课题研究方案，聚焦课题研究问题，进行研究资料的筛选，去伪存真、去粗存精，找出课题研究中有价值的资料。这个部分不能面面俱到，否则会影响课题成果的有效提炼。

最后是对筛选后的研究资料进行提炼、概括、总结，即按照研究目标和研究内容的设计，进行逐项的资料分析，形成研究发现和核心观点。研究报告不能是原始资料的简单堆积，一定是经过总结、凝练后的核心要点，且符合一定的逻辑关系。[1]

（2）实事求是阐述研究方法与发现。

撰写结题报告，重点是提炼课题的研究发现与核心观点。这个过程中需要坚持实事求是的原则：尊重事实，不夸大事实，不以偏概全。即便没有达到预期的研究成果，也要如实阐述，并将其作为以后研究的主要方向。

对于评阅专家和同行来说，查阅课题结题报告时比较关注课题的研究方法与研究发现，该部分内容代表了研究的整体水平。阐述研究发现时，要围绕研究问题进行分析，包括问题是如何解决的，解决过程中有什么新的发现或典型经验；还有哪些问题没有解决，后续还有哪些研究的重难点等。该部分的阐述，要注意典

---

[1] 宋艳:《中小学教师怎样进行课题研究（九）——教育科研资料的处理与分析》，载《教育理论与实践》，2008（26）。

型性、科学性和规律性。即课题的研究发现是有典型性的；研究发现要尊重基本的科学规律；研究的目标是探索该问题的规律性因素，而不是停留在表面现象的阐述。

（3）紧扣研究问题提炼最核心观点。

课题研究的任何成果都需要紧扣研究问题，否则就不能体现出是本课题的研究成果。结题报告的撰写，要按照问题提出、问题解决、经验总结及未来展望等路径展开，每一个环节的阐述都不能偏离研究的主题。

在撰写结题报告过程中，时刻与课题研究的方案进行对应、匹配，即研究成果的梳理是为回应课题研究方案设计的内容，包括研究内容、研究方法、研究创新、研究发现等部分，不能脱离既定的研究计划和路线。当然，不排除有个别课题需要调整研究内容，这样就需要与最新的研究计划和内容设计相匹配。此外，结题报告核心观点的提炼，更需要聚焦问题，在某个点上进行深度挖掘，形成有创新性、有价值、有思想的观点，而不能是浅尝辄止。

2. 框架结构

结题报告是课题结题的成果主件，研究总报告的字数通常要求是不少于3万字，并在网上全文公开。研究总报告主要包括研究的主要发现与结论，研究方法的运用，研究的主要过程与进展，研究成果的社会影响，以及研究中面临的问题与下一步的计划等。研究报告也分多种类型，比如包括理论型研究报告、实证型研究报告、经验型研究报告和个案型研究报告等。[1] 不同类型的研究报告，在内容侧重点上可能有所差异，但是主体结构相对一致，通常包括以下内容。

（1）**研究目的与意义**：该部分注重阐述课题研究的总体目标，基本的研究假设，以及研究该主题的理论意义和实践意义，体现课题研究的重要价值和必要性，也是对课题研究方向的总体设想。

（2）**研究背景与综述**：该部分重点阐述课题研究的现实背景，尤其体现出问题导向，研究的基本出发点或研究缘起，从宏观政策、实践困惑及教育发展趋势等方面进行详细阐述。同时，研究综述是对课题研究的基础性准备工作，包括国内研究文献和国外研究文献的梳理，旨在为后续研究奠定较好的基础。

（3）**研究内容与方法**：研究内容与方法是课题研究的核心部分，研究内容是对研究目标的回应，明确了整个课题研究的主要任务，通过对研究内容的逐项开展，实现课题设计的研究目标。同时，研究方法是保证课题研究顺利进行的重要策略，需要对研究方法的使用情况进行详细介绍，比如调查问卷的设计、抽样及

1　李臣之：《教师做科研：过程、方法与保障》，深圳，海天出版社，2010。

数据分析等。

（4）**研究步骤与技术**：研究步骤与技术路线，是对课题研究实施过程的系统梳理，在课题结题时通常需要交代整个课题研究的实施流程，以及主要的研究活动记录等。研究技术路线的设计代表着研究的基本思路，体现出不同研究内容之间的基本逻辑关系，也决定着课题研究的质量。

（5）**研究结论与发现**：该部分是研究报告呈现的重点，也是判断课题研究质量的关键，更是读者最希望看到的内容。因此，本部分内容必须是研究发现的最精华部分，研究成果的最凝练表达，需要下较大功夫进行梳理和写作。呈现研究结论的方式有多种形式，基本原则是体现出独特性、必要性、代表性和可推广性等特征，确保研究成果的质量。

（6）**研究讨论与展望**：研究过程中不可避免会遇到一些问题与不足，也有一些尚未完成的研究计划和内容，该部分主要是交代该研究主题仍然需要讨论、关注的地方，以及进一步的研究计划等。

（二）成果公报的框架要点

1. 写作要点

不同级别课题的成果公报形式比较接近，通常包括四个部分，即研究背景、研究发现、成果影响及改进建议。比如全国教育科学规划课题的成果公报包括：内容与方法、结论与对策、成果与影响、改进与完善和成果统计一览表；北京市教育科学规划课题成果公报的内容包括：问题提出、研究发现、研究结论、政策建议，并且要求成果公报字数为 6000 ～ 8000 字，将在网上全文公开。

撰写成果公报的时候，需要注意以下两个问题。

第一，对照结题评审书和结题报告。成果公报通常是在完成结题鉴定书和结题报告的基础上进行，主要写作内容也是来自于此，因此成果公报主要是结题报告的凝练和简化。撰写成果公报时，只需对照结题报告和评审书内容进行有选择的摘取，并进行适当的精练、压缩和总结。当然，这不意味着成果公报是结题报告的缩略版本，其具体提炼的内容需要以课题管理部门提供的成果公报格式为依据，有侧重地选择。

第二，精炼简洁、突出核心研究亮点。与结题报告相比，成果公报更加突出研究成果的部分，其最大价值就是方便读者获取研究形成的新知。因此，成果公报要在有限的篇幅内重点说明针对所研究的问题形成了哪些研究发现和研究结论，对他人从事同类工作形成了哪些重要启示和借鉴，以此突出核心的研究亮点，提升研究成果公报的可读性和新颖性。

2. 框架结构

下面以北京市教育科学"十三五"规划单位资助校本研究专项课题《中学世界遗产教育推进策略研究》为例，简要呈现成果公报的写作框架。该写作框架基本上涵盖了通常的写作格式和结构，具有较好的代表性。由于篇幅的限制，本部分仅呈现三级标题内容，正文内容将在"结题报告"一节中进行相应的阐述。

（一）内容与方法

1. 研究内容

1）对当前学校世界遗产教育现状进行评估

2）研究制定中学世界遗产教育有效实施途径的推进策略

3）研究科学高效的中学世界遗产教育推进管理机制

4）研究中学世界遗产教育的评价方式

2. 研究方法

1）文献研究法

2）案例分析研究法

3）行动研究法

4）调查研究法

（二）结论与对策

1. 对世界遗产教育进行基于核心素养培育的传统文化分析

2. 制定了中学世界遗产教育实施途径推进总策略和分策略

1）推进中学世界遗产教育开展的总策略

2）推进中学世界遗产教育开展的分策略

3. 多元化推进基于优秀传统文化教育的中学世界遗产教育

1）世界遗产教育与课程教学相结合

第一，依托本地世界文化遗产资源优势，开展故宫系列课程群实践研究

第二，引进武强木版年画大师课程，探究传承优秀传统文化新模式

第三，世界遗产教育与学校三级课程体系全面结合

2）世界遗产教育与道德教育相结合

3）世界遗产教育与校园文化建设相结合

4. 基于优秀传统文化的世界遗产教育推进策略实施效果的评价

（三）成果与影响

1. 世界遗产教育与课程教学相结合方面

2. 世界遗产教育与道德教育相结合方面

3. 世界遗产教育与校园文化建设相结合方面

4. 培养了学生的文化自信心，增强了其综合能力

5. 拓宽了教师的研究视野，提升了教师的课程领导力

（四）改进与完善

1. 应该将世界遗产教育与新课标、学科教学、课外活动等有机地整合起来，使其教育效果更有普遍性。

2. 开展可持续发展教育的关键是教师，进一步提高课题实验教师的整体素质和认识水平，有助于推动世界遗产教育向深入发展。

3. 世界遗产教育需要进一步引导教师和学生开展小课题研究，培养学生科研探究能力；进一步保持开放的研究态度，加强与世界遗产地的联系。

（五）成果细目

1. 论文《中学世界遗产教育推进实践研究》

2. 论文《在课程中融入世界遗产教育》

3. 论文《世界遗产也是一种教育资源》

4. 论文《依托世界文化遗产资源优势，开发故宫系列课程研究》

（三）工作报告的框架要点

与全国教育科学规划课题的结题材料要求不同，北京市教育科学规划课题的结题材料中专门增加了"研究工作总结"，即对课题研究整个过程的工作进行总结。研究工作总结的撰写也需要注意以下两点。

第一，课题研究工作总结的基本模块要完整。工作报告也有相对固定的写作框架，有些内容必须呈现在工作报告里面，主要模块包括：课题立项的基本信息、课题研究的前期准备工作、课题研究的主要内容或任务、课题研究的主要阶段划分、课题研究取得的最终成果以及课题研究仍然存在的问题或未来展望等内容。

第二，课题研究工作总结的内容要精炼、聚焦。工作总结报告的内容并非越多越好，重点是清晰地呈现课题研究的主要阶段性工作，凸显研究的痕迹或研究任务的推进过程。在各个环节的内容阐述上以简要的客观描述为主，并非呈现研究的全部成果。

在课题评审中，经常会遇到研究工作报告与结题报告类似的问题，这就要求工作总结聚焦到为实现研究目标所做的研究工作、研究过程，即"做了什么，如

何做的"。同时还应注意，这种聚焦的焦点是课题组的研究工作痕迹而不是课题主持人的个人工作过程，应尽量避免两者的混淆。

下面仍然以北京市教育科学"十三五"规划单位资助校本研究专项课题《中学世界遗产教育推进策略研究》为例，简要呈现课题研究工作总结的写作框架。

《中学世界遗产教育推进策略研究》研究工作总结

课题在历经三年的研究过程中取得了丰硕的研究成果，产生了较大的社会影响力，已达到结题要求，在课题实施期间，课题负责人带领全校师生共同努力，做了大量的工作，具体内容如下：

一、课题研究的背景及立项

二、课题研究的主要过程和活动

（一）研究准备阶段（2016 年 6 月—2016 年 10 月）

1. 成立课题研究小组

2. 确立课题研究目标及内容，撰写开题报告

3. 制定课题研究总策略和分策略，确定研究方法和技术路线

4. 研究方法主要有文献研究法、案例分析研究法、行动研究法、调查研究法

5. 技术路线

（二）课题研究实施阶段（2016 年 10 月—2019 年 7 月）

1. 对世界遗产教育进行了基于核心素养培育的传统文化分析

2. 多元化推进基于优秀传统文化教育的中学世界遗产教育

（1）世界遗产教育与课程教学相结合

（2）世界遗产教育与道德教育相结合

（三）研究成果总结交流（2019 年 7 月—2019 年 12 月）

1. 成果的展示

2. 论文期刊、媒体报道、报告沙龙

（四）研究面临的问题及展望

三、结题鉴定

（一）结题鉴定的形式

根据科研管理部门的相关规定可知，课题结题鉴定的形式有多种，包括会议结题鉴定、通讯结题鉴定、免于鉴定等。会议结题鉴定是重点课题或重大课题采

取的结题鉴定方式，部分学校层面主持的规划课题也可以采取会议结题鉴定的方式。会议结题鉴定是组织专家进行会议评议，虽然这种结题形式的组织程序相对复杂，结题成本也相对偏高，但是有助于与课题主持人进行更加深入的讨论和交流，进一步指导课题的成果提炼和后续研究。专家组通常来自高校、科研机构和同行学者等，5人左右比较合适。专家评议的主要程序类似于开题论证会，即主持人汇报课题研究报告、专家组进行提问答辩、专家个人评议、鉴定组进行总结、宣布鉴定意见等。会议鉴定的对象可以是一个课题，也可以是多个同部门或同类型的多个课题，后者称为集中会议鉴定。

通讯结题鉴定是比较常用的鉴定形式，鉴定程序相对简单，鉴定成本较低，只是缺少了与专家面对面深入交流的机会，在获取专家关于课题研究的有效建议方面较为有限。通讯结题鉴定的程序是：课题组提交规定份数的结题材料，包括结题报告、鉴定申请书及相关附件等，通常是准备5套材料，由5位专家作出鉴定结论；专家组组长要对各位专家的意见进行汇总，写出课题结题的最终鉴定意见并签字；最后是课题管理机构根据专家鉴定结果，颁发结题鉴定证书，或者对于未通过的课题提出修改要求。

此外，对于部分取得优秀科研成果的课题，可以申请免于鉴定，不同级别课题对免于鉴定的条件规定的不一样。通常，课题级别越高，其条件越严格，主要是以发表的学术成果质量和等级来判断。比如全国教育科学规划办的教育部规划课题，其免于鉴定的条件是：最终成果的主体内容在《教育研究》《心理学报》或国外专业刊物发表；或发表的论文被人大复印资料全文转载，并有唯一明确标识。免于鉴定的课题，并不是不需要提交鉴定材料，关于其结题鉴定的材料提交方式，也有详细的管理规定，只需查阅相关管理规定即可。

（二）课题鉴定评价指标

课题结题鉴定有着明确的标准。对结题报告、成果公报及相关附件的内容质量进行评估和判断，主要从科学性、创新性、规范性、难易程度和应用价值等五个方面进行。每一个评价维度都有具体的评估标准与等级，分为优秀、良好、合格和不合格四等，优秀对应90分以上，良好对应75～89分，合格对应60～74分，不合格对应60分以下。不同课题管理部门的课题结题鉴定标准基本一致，本部分以北京市教育科学规划课题成果鉴定评估参照指标为例进行说明，供课题负责人结题参考（见表6-1）。

北京市教育科学规划课题成果鉴定评估参照指标（试行）

表6-1 北京市教育科学规划课题成果鉴定评估参照指标

	优 秀	良 好	合 格	不 合 格
科学性	1. 课题意义和价值重要，研究问题真实，研究前提可靠； 2. 研究方法适当； 3. 论证分析严密充分； 4. 结论合理可信。	1. 课题意义和价值比较重要，研究问题比较真实，研究前提比较可靠； 2. 研究方法比较适当； 3. 论证分析比较严密充分； 4. 结论比较合理可信。	1. 课题意义和价值一般，研究问题真实性一般，研究前提基本可靠； 2. 研究方法基本适当； 3. 论证分析基本严密； 4. 结论基本合理可信。	1. 课题意义和价值很小，研究问题虚假，研究前提不可靠； 2. 研究方法不当； 3. 论证分析不严密； 4. 结论不合理、不可信。
创新性	1. 研究取得突破性进展，提出了新的教育理论，丰富和发展了某种重要的教育理论观点或引领学术发展； 2. 成功运用新的研究方法或技术； 3. 获取了大量第一手资料和事实； 4. 形成新的教育成果。	1. 研究有一定的开创性，提出了新的教育理论观点，丰富和发展了某种重要的教育理论观点或展开了某种重要的教育理论观点或引领学术发展； 2. 运用新的研究方法或技术比较成功； 3. 获取了较多的第一手资料和事实； 4. 形成了比较新的教育成果。	1. 研究有所进展，提出的教育理论观点，具有启发性，提出了进一步认识某种教育理论或学说的启发性见解； 2. 一般性运用了新的研究方法或技术； 3. 获取了一般的第一手资料和事实； 4. 形成了一般性的教育成果。	1. 研究结论缺乏新意，研究不深入，低水平重复研究，研究有明显的错误； 2. 没有运用新的研究方法或技术； 3. 获取了一般的第一手资料和事实； 4. 没有形成新的教育成果。
规范性	1. 研究体系完整、系统； 2. 研究设计与实施规范、严格； 3. 论述全面、概念明确、逻辑严密； 4. 资料可靠、系统、引证规范。	1. 研究体系比较完整，有一定的系统性； 2. 研究设计与实施比较规范、严格； 3. 论述比较全面，概念比较明确、逻辑比较严密； 4. 资料比较全面，引证比较规范。	1. 研究体系基本框架完整； 2. 研究设计与实施基本规范； 3. 主要概念明确，条理基本清晰； 4. 资料基本可靠，引证基本规范。	1. 研究体系混乱； 2. 研究设计与实施有明显欠缺； 3. 概念不明确，条理混乱，逻辑混乱； 4. 资料有明显遗漏或错误，引证不规范。

续表

	优　秀	良　好	合　格	不　合　格
难易程度	1. 研究的问题复杂，工作难度很大； 2. 调查或实验工作量很大； 3. 资料的搜集与处理工作量很大。	1. 研究问题复杂，工作有难度； 2. 调查或实验工作量比较大； 3. 资料的搜集与处理工作量比较大。	1. 研究问题较复杂，有一定难度； 2. 调查或实验工作量一般； 3. 资料的搜集与处理难度作业量一般。	1. 研究问题不复杂，工作难度小； 2. 调查或实验工作量很小； 3. 资料的搜集与处理工作量很小。
应用价值	1. 成果有明显的前沿性和开创性，对学科发展有重要的奠基和引领作用； 2. 成果对解决重大的教育决策问题有重要作用； 3. 对解决教育教学实践问题有创新性指导意义，有广泛应用与开发前景。	1. 成果有一定的前沿性和开创性，对学科发展有重要作用； 2. 成果对解决重要的教育决策问题有重要作用； 3. 成果对解决重要的教育实践问题有一定的应用与开发前景。	1. 成果的创新性一般，对学科发展有一定的促进作用； 2. 成果对解决一般性的教育决策问题有推进作用； 3. 成果对解决一般性的教育实践问题有推进作用，应用与开发前景一般。	1. 成果无创新，对学科发展无促进作用； 2. 成果对解决教育决策问题无促进作用； 3. 成果对解决教育现实问题无促进。

第二节　研究成果的梳理与表达

一、对标研判——何为科研成果

（一）不忘初心回头看

在梳理研究成果之前，需要我们"不忘初心回头看"，找准成果提交规定的相关要求，即明确"是谁向我们要成果，要什么成果？""什么可以被界定为成果？""成果类型与要求有哪些条目细则？"等问题。通常来说，课题负责人在申报阶段已经在申报书中承诺了研究将要取得的成果，此时就需要负责人回头查看自己的课题申报书。因为根据课题立项的管理规定，课题申报书就是课题负责人与课题管理单位的研究协议。因此，一方面要求课题负责人认真研判预期取得的研究成果；另一方面也要谨慎规划研究目标，不能轻易设置过高的成果目标，要重在实现，关注质量而不是数量。是否按预期完成，是课题结题时专家鉴定的重要考察内容。

谁向我们要成果？通常是各级规划课题的管理部门，比如全国教育科学规划办、北京市教育科学规划办及各区教育科学规划办等，提交的成果类型与数量等均有相应的管理规定。当然这个规定是最基本的合格规定，在实施标准方面上不封顶。

在填写申报书的时候，通常的成果形式主要有：专著、译著、研究论文、研究报告、工具书、电脑软件、其他。在课题结题时，还需要提交课题研究成果主件：研究总报告和成果公报。课题研究附件可以包括以下类型：论文、专著、研究报告、译著、调查报告、实验报告、经验总结报告、政策咨询报告、典型教育案例分析、典型教学课例视频、教育叙事、教学改革实践方案、校本课程实施方案，等等。此外，关于研究成果的要求通常是：研究成果必须可推广、可学习、可借鉴的理论、观点、问题解决方案、新的教学模式、新的解决问题工具等，其表达形式包括理论成果形式和实践成果形式。

（二）对标研判四误区

1. 把实践效果当课题成果

中小学课题研究的特征是实践导向、问题导向，以解决实践困惑为主要目标，研究的成效必然通过实践成效反映出来，但是从课题成果阐述的要求看，不能简单地把实践效果当成课题研究成果。一些参与课题鉴定的专家表示，很多中小学课题的研究报告像工作总结报告，多数课题的研究成果基本一致。比如学生层面往往会谈到学生成绩进步、兴趣提高、参赛获奖、学生作品等；教师层面往往会谈到教学水平提高、科研能力提升、自身专业发展、各类获奖等；学校层面往往会谈到影响力扩大、形成办学特色，教学质量提高、升学率提高等。这种内容呈现的方式，可以说是放之四海而皆准，每一个课题、每一所学校的各项研究工作，基本上都能在上述方面找到对应的成果表述，因此这属于本课题的独特性研究成果。

基于上述问题，提出三点建议供参考。

第一，工作总结要进行**提炼、升华**，从简单的陈述事实、表达做法，提炼其背后所蕴含的**教育规律**，总结其中所涉及的典型**教育经验**。

第二，成果提炼要**聚焦**，虽然很多课题涉及面较广，但是要围绕重点内容进行阐述，不能面面俱到地罗列，这样就体现不出特色、缺乏深度。尤其是避免简单地从学生发展、教师成长及学校品牌等方面阐述研究成果。

第三，坚守工作实践改进的初心，关注问题解决与策略生成，形成可以推广的典型经验与教育规律。具体的实施策略是进行基于"他方要求"的**立场换位**，从执行人变为介绍人、传播人，从**便于他人理解和学习的立场进行成果提炼和表达**。

2. 研究过程性材料和研究成果混淆

在课题结题鉴定过程中，笔者看到很多结题资料并没有严格按照结题要求提报，重点与非重点材料不能很好区分，尤其是有些课题把过程性材料堆积到结题报告里面，混淆了与研究成果的基本区别。还有些课题把过程性材料当作课题研究成果提交，或者把工作性材料和资料汇编提交为成果，这就是将课题成果范围过于扩大以及成果泛化，降低了课题研究的质量，导致课题研究不科学、不规范的评审印象。

因此，在梳理与汇总课题研究成果时，要凸显理论高度与具体结论，更加重视从产出视角进行呈现，更加重视最终成果材料的总结报告。过程性资料也有重要价值，是课题研究的重要支撑性材料，可以以附录形式呈现，体现出整个课题研究的科研工作量。过程性资料通过包括：研讨会纪要、研究日志、研究反思、研究心得、照片等，教学设计（集）、教辅资料（集）、试卷、试题集、学生作业、学案、导学案等。但过程性资料也同样要**避免简单的堆积**，最好分门别类地进行汇总，选取最精华的内容，删掉无关且不重要的资料。

3. 成果与主题、内容不相关

前面相关章节中已经反复提到这个问题，无论是课题开题，还是研究展开、成果提炼，都需要注意研究内容与研究成果的直接相关性，否则就不能体现出是本课题研究的成果。但是在课题鉴定评审过程中，我们常常会看到课题研究成果与研究主题、内容不相关的情况，即有些课题研究成果明显偏离了课题申报、开题时研究设计、研究目标的初衷，没有按照研究设计进行相关研究，中间加入了很多学校工作、临时性研究问题等内容。因此，在课题研究过程中一定要"不忘初心回头看"，严格按照课题研究的最初设计推进，围绕着课题研究的总目标逐项展开。即坚持一条研究的主线，各项研究工作围绕主线展开，不偏离研究主线的成果，都可以作为研究成果进行提炼汇总。

此外，在研究成果最后梳理过程中，要充分考虑到研究内容与研究成果的关系，即研究内容与获得成果的相关性。实践中，有些课题会把做了什么工作进行详细罗列，但是对于做这些工作背后的规律与原因分析得较少。由此可见，在研究成果提炼时，既要基于研究过程性资料，更要高于研究的过程性工作，基于对研究问题发现的反思、提炼和升华，形成可以推广的教育模式、教育思想等内容。

4. 成果表达不规范

在中小学教师的课题研究中，很多成果欠缺规范的表达方式。也就是很多课题都取得了较好的实践效果，也积累了丰富的实践经验，如果能够有效总结、提炼出来，对于同行教师而言具有极高的借鉴与参考价值。但是由于没有很好地表达出来，导致没能提炼出可以推广应用的规律性策略和典型经验。比如有些课题研究成果的表述，缺乏研究方法使用说明；有些课题沉浸在过程性描述中，没有抓住成果呈现的重点；有些课题虽然得出了研究结论，但是缺少对其在实践应用中的效果分析等。因此，在研究成果梳理时要努力做到方法规范、创新点明确，即在明确阐述研究过程、研究方法的基础上，提出研究的主要发现、主要创新点，提升研究成果的质量和水平。

此外，还要注意研究成果的语言表达方式，避免随意性，不能口语化，对于相关术语、观点的用词及表述方式要前后一致；同时也要避免过于情境化、文学性描述；最后要避免内容空虚、琐碎，不能让研究成果的呈现过于分散、偏离研究的主线。

二、研究成果与工作总结的差异与转化

(一)研究成果与工作总结的差异

研究成果是在课题研究的基础上形成，有聚焦的研究问题、规范的研究方法以及具体的研究过程，从而形成了有价值的研究发现和研究结论。工作总结是学校或部门、个人在一段时间内各项工作内容的总结。尽管都是总结，但是研究成果与工作总结有很大的差别，评审中我们也发现了一些把研究成果写成工作总结的问题。主要表现在课题研究总报告中，阐述了过多工作的进展，或者说工作内容多于研究内容。尽管有些研究本身就是行动研究，行动研究中必然要汇报行动进展，但是也要从研究角度、学术视角进行有效阐述，而不能采取工作总结式的表述方式。关于研究成果与工作总结的差异，详见图6-2。

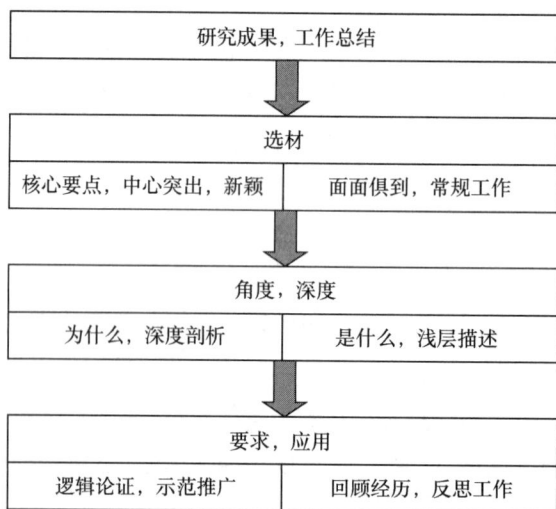

图6-2 工作总结与研究成果的差异

首先，从写作选材上看。工作总结通常需要面面俱到地呈现工作内容，以便体现出部门或个人的工作量；而研究成果的写作选材，则讲究问题的聚焦性，选择最核心的研究要点进行成果提炼，并且要突出成果的研究中心，突出最核心的研究观点。同时，工作总结的内容选材主要以常规工作为主，有些工作是多次重复进行的，每次总结中都需要提到；而研究成果则要求尽可能新颖，不能重复前人的研究，要在已有研究基础上有所创新和突破。

其次，从写作角度和深度看。工作总结的写作角度，通常回答"是什么""做了什么"的基本问题，向读者呈现工作的主要内容、基本事实即可；而研究成果则重点需要回答"为什么"的问题，尤其是问题背后的规律性探索，以及对工作现象、工作经验的深入分析。在写作的深度上差异也比较明显，工作总结主要是进行浅层的表象描述、事实陈述，要求准确性和全面性；而研究成果则需要对某个具体工作、某项经验进行深度剖析，要求深刻性、针对性和普遍性。

最后，从写作要求和应用看。工作总结通常是按照不同的工作事件内容分别阐述相应的经验、做法及取得成绩等，而研究成果则要求更加严谨，尤其是对于论证框架的逻辑关系、语言表达的严谨性等有着严格的要求。在具体的应用目标上，工作总结主要是供特定群体、特定范围内交流适用，比如个人年度工作总结、学校工作总结等，用于校内成员回顾工作、形成反思，并且存档、宣传；而研究成果则是面向社会公开发表，同行学者都会关注，因此内容要求具有普适性、可推广性以及典型性。

（二）基于工作总结的研究成果表达

1. 标准匹配，换位思考

在撰写结题报告时，要坚持"标准匹配"的原则，从科学性、创新性、规范性、难易程度和应用价值等五个方面进行匹配判断。研究报告的内容，需要根据研究成果的实际情况设计基本结构，体现出清晰的逻辑关系。在成果的呈现与表达中，要注意回应价值与意义，即课题研究的价值所在，以及研究成果的理论和实际意义等；成果呈现的角度和视域，也要围绕着成果的价值与意义进行阐述和提炼。此外，还需要坚持**换位思考**的原则，即撰写报告时要进行**思维转化，从读者和评审专家的视角思考，坚持读者导向的梳理与撰写策略**。

2. 成果气质，学术味道

课题研究成果最大特点是要体现"科研底子，学术味道"，即研究成果的表述要体现学术性和科研范式。这就需要进行研究思维和工作思维的有效转变，这个转变不仅影响着课题研究成果的表述，更决定了课题研究的质量与水平。进行研究思维与工作思维的转化，需要充分认识到研究成果与工作报告的差异，要强调前者的学术气质。工作总结更多关注"问题解决－经验分享"逻辑，更多突出个体特征。课题研究成果表述更关注"理论解读－普适推广"，更要求有理有据地表达普适性模式、框架、经验成果。

3. 回应初心，观点得当

前面章节中已经反复提到了研究的初心，在研究设计、研究过程及研究成果总结阶段，都需要坚持"不忘初心"的原则，在成果表述方面更是要做到"回应初心、观点得当"，即研究成果与最初研究设计、研究内容、研究目标的一致性、呼应性。

在同一个课题中有多种形式的研究成果，在课题研究报告的撰写中也需要确保不同类型的成果在一个报告中相互呼应。比较简单的办法是密切关注研究选题的关键词，在成果梳理中努力做到选题回应、落位精准、观点得当。通过下面的例子可以看出，该研究报告在最后成果阐述阶段时，**始终围绕着课题研究最初的关键问题展开，试图用多种形式的成果来呼应研究的进行与成效，回答最初的关键问题设计。**

案例 6-1:《学区制促进区域义务教育均衡发展研究》
结题报告（节略）

本研究拟解决的关键问题有三个：

第一，学区制管理模式的理论建构。

学区制改革不仅仅是划片对口入学，更是以学区自主办学为核心的教育管理制度变革，是对现代教育治理体系的重要探索。本课题将从区域内校际均衡发展的视角出发，以组织变革理论和发展共同体理论为基础，系统构建学区制管理模式的理论体系。具体包括学区及学区制的概念界定，学区制促进区域义务教育均衡发展的政策价值，学区制学校管理模式的理论基础，学区制管理模式的实践机制等。

第二，学区划分与管理运行机制。

学区制是一种新的学校管理模式，是对传统区域教育管理体制的改革，不只是组织结构的变革，还有对传统教育行政体系、领导权力职责等重新配置。首先，须明确学区划分的基本标准，主要包括学区内校际均衡的评估诊断，学校的搭配原则、数量、位置区划等。其次，设计相应的学区招生制度，促进校际生源质量回归常态，实现学区内学校间的生源均衡。再次，要建立学区的组织管理机制，探索"区县－学区－学校"的三级管理模式，明确领导机构及成员的组成方式，规范学区管理委员会和领导的权力职责范围。最后，制定学区运行的相关规章制度，建立学区委员会与学校之间的职责权力及管理机制。

第三，学区内资源共建、共享机制。

学区制改革的政策目标是追求实现区域内教育资源配置的帕累托最优状态，通过对资源管理的科学决策，优化配置学区内校际优质教育资源，实现学区资源配置的最大效益和共同发展。学区内共建共享的优质教育资源包括三个方面：师资队伍、课堂教学与课程建设、硬件设施，其中师资队伍是核心，课堂教学与课程建设是关键，硬件设施是保障。本课题将建立优质教育资源的分类体系，分别探索不同资源在学区内共享的实现机制。同时，也将进行信息技术平台在学区内资源共享中的机制探索，提高学区内资源共享的运行效率。

由上可以发现，课题结题报告的撰写，需要充分回应课题研究的总体设计，即课题研究最终成果与课题研究方案设计的一致性，充分实现最初的研究目标设计是课题研究质量的重要判断标准。对于中小学教师的课题研究而言，在进行结题报告撰写的时候，需要重点分析该研究内容是否实现了研究的主要目标，或者在多大程度上实现了最初的研究目标；或者要对标课题开题中提出的研究预期目标和成果设计，判断该课题结题报告是否达到了基本的研究预期，是否实现了成果数量和质量与预期目标的一致性。

4. 结论主线，方法择优

在研究报告表述过程中，要坚持清晰的结论主线，该主线应该是与研究问题密切相关的，报告应该阐述整个问题的发现、解决、反思及应用等过程。在陈述研究方法时，要坚持方法择优的原则，即对重点运用的研究方法进行详细阐述，包括整个方法的设计、实施及成效等，体现研究过程的痕迹。研究报告最重要的内容是呈现研究的结论，结论部分代表着整个研究的质量和目标实现度，也是检验课题研究呈现的主要判断标准，因此在呈现过程中要明确体现出研究问题的"主心骨"，围绕一个"主心骨"引领整个研究结论的阐述。我们可以看一下如下案例的研究结论。

案例 6-2:《学区制促进区域义务教育均衡发展研究》结题报告（节略）

本研究主要得出如下几点结论：第一，同区域内校际发展不均衡问题，主要集中在优秀师资、校舍场地、课程教学、管理、生源等方面，学区制改革需围绕上述方面推进资源流动与共享。第二，通过国际比较，梳理出学区制管理的基本制度、学区管理委员会的责权设计、弱势群体的资源补偿策略等内容，为我国学区制管理的制度设计提供支撑。第三，形成学区共同体的理论体系，明确学区共同体的基本概念、特征和运行机制，提出了区域联盟式、名校集团化和九年一贯制等学区组织形式，以及独立法人型、轮值主席制和名校主导式学区管理形式。第四，构建了促进校际资源均衡配置的制度体系，形成校际均衡发展程度测评及校际差异直观模型，建立学区优质资源共享信息技术平台，从人力资源、硬件资源、软件资源和生源等维度提出了差异化共享策略，并兼顾到学区间发展不均衡及资源共享配置问题。

5. 创新表达，启发借鉴

在阐述研究成果时，要努力做到通过专业表达彰显研究质量，凸显重要发现。工作总结虽然也涉及创新实践，但更多是对常规教育教学工作的梳理与回顾，而研究成果表达的重点就是创新部分，比如提出了某项新的教学模式、进行了某种新的班级管理探索以及研究教师专业发展的新发现等。所以在课题研究成果表达时要注意回应创新的要求，比如在方法创新、模式创新、结论创新、理论创新、丰富实践、探索领域等方面进行描述和呈现。中小学教师的课题研究要更加体现实践导向，把创新落实到实践问题的解决中，阐述取得的实践效果，以证明研究质量。在成果梳理过程中，要坚持"真实创生、校本实践、典型引领、推广借鉴"的基本原则，选取最有价值的阶段性资料进行总结梳理。在具体的成果落位点方面，要体现选题领域适切、问题聚焦精准、切入点落位细致等要求。此外，在案例呈现时要慎重选择相关案例，最好选择具体典型示范性、具有启发与借鉴价值、具有成果导向性和可推广性的案例。

致　谢

感恩在心，不负信任

本书的成稿，承蒙诸多教育界同仁、朋友的热心帮助与悉心指导，这份恩情铭记于心，永志难忘。

衷心感谢北京教育学院，为我搭建了"上能顶天，下能立地"的专业发展平台。感谢科研处这个满溢学术氛围的岗位，也感谢在学院中相伴同行、共同成长的同事。在此，特别感谢时任北京教育学院副院长、现任北京青年政治学院党委书记杨志成，正是他带领科研处开启了"以专业研究扎根服务实验校"的发展之路。感谢科研处李雯处长，她在工作中追求完美精致，坚持打造具有品质的科研管理团队。她以研究提升科研管理品质，建立"工作台账"清单，优化项目管理流程，让粗线条的我学会了精细化的品质，至今受益匪浅。

实践是创作的源泉。在实践中接触到的鲜活而真实的素材，赋予我创造的动力。依托北京市西城区、朝阳区、海淀区、东城区、通州区各区科研骨干培训班、种子教师培养计划等提供的机会，我力争每一讲都基于区、学校的实际需求"新鲜出炉"。我在讲座中讲出大家最需要的内容，分享真实的科研体验。我的讲座素材源于实践，和实践深度对话。这些经验给予我将所思所想写出来的信心、勇气与动力。

特别感谢西城区教育研修学院石玲玲院长，感谢西城区教育科学研究院何暄院长、林春腾副院长、彭波所长，让我有机会全程参与西城区教育科研规划课题的评审工作，让我和大家成为亲密无间的战友。他们还将我的科研课题指导成果推荐到西城区各中小学，让我有幸参与课题选题培育、申报书打磨、课题实施及成果梳理与提炼全程，让我见证了课题播种、培育、成果生长的全链条。这让我丝毫不敢懈怠，敦促我不断对讲座内容精雕细琢，我也由此获得了源源不断的反馈并用于完善书稿，使书稿更贴合实际、更具针对性，也更有温度。

感谢北京四中马景林校长、教师发展中心孟海燕主任牵头设立的"北京四中教师科研工作坊"，在这里我和最优秀的教师展开对话。感谢北京四中于鸿雁、陈年年、高杰、韩露、艾文、赵鹏飞等老师，感谢北京师范大学附属实验中学李荔萍、苏海燕、蒋瑞、林伟伟等老师，感谢北京市第六十五中学原校长卜海燕、占德杰副校长，他们为本书的写作提供了大量鲜活的实践案例。

学校是"校本研究"实践与探索的主阵地，感谢给予我充分信任的学校，15年来，这些学校给我提供了专业发展机会和实践平台。自入职以来，学校便是我坚守的地方，感谢北京市第四中学、北京师范大学附属实验中学、北京市第二中学、北京市西城外国语学校、北京师范大学附属第二中学、北京教育学院附属中学、北京市第三十五中学、北京市八一学校、北京交通大学附属中学、北京市第二十中学附属实验学校、北京教育学院附属丰台实验学校、北京第一实验小学、北京小学、北京市西城区师范学校附属小学、北京市西城区五路通小学、北京市西城区育翔小学、北京市西城区康乐里小学、中国人民大学附属小学、北京市海淀区中关村第一小学、北京市通州区芙蓉小学、北京市通州区潞苑小学、北京市通州区贡院小学、北京市通州区潞河中学附属实验学校、北京市运河中学附属小学、北京市通州区通运小学，等等。

北京教育科学研究院基础教育研究所蔡歆副研究员、高教所赵新亮副研究员，西城教育研修学院赵志红博士、刘姣老师，他们对书稿字斟句酌，仔细修改语句和标点符号，批注密密麻麻。北京教育学院科研处同事杨晨、田彬彬承担了书稿中表格数据的更新替换及定稿工作。

四十余载岁月匆匆，我依然保有激情与热忱，虽在成熟稳重方面有所欠缺，偶有言语不当而不自知，却总是有幸承蒙大家的包容。身处北京教育学院科研处充满温暖的办公室，同事亲如家人。想到这些，我的内心满是感动，致谢之情发自肺腑。

本书2020年就已成稿，后几易其稿，不知不觉已经由"十三五"到"十四五"收官之年。我在科研处工作了12年，2022年转岗到学院思想政治教育与德育学院任专职教师，2024年4月正式调入北京开放大学，专职做家校社协同育人研究与教学。时至此书出版，已经断断续续拖延5年，衷心感谢清华大学出版社刘晶编辑，如果没有她的不断催促，真不知道此书何时和大家见面。

请相信，虽历时已久，但我始终和大家在一起，坚持做真实、靠谱、有乐趣的科研。希望最终呈现的文字，不辜负这么多年的努力，也不辜负一路给予我帮助与信任的你们。

谨以此书感恩北京教育学院，纪念我在北京教育学院奋斗的14年青春岁月！